中青年经济与管理学者文库

西安石油大学优秀学术著作出版基金资助；西安石油大学油气资源经济与管理研究中心资助；国家社会科学基金重大项目“面向国际趋同的国家统一会计制度优化路径研究”（项目批准号：16ZDA029）部分成果；国家自然科学基金项目“基于会计制度变迁的所得税会计信息有用性研究”（项目批准号：71272152）后期研究成果。

SUODESHUI KUAIJI LILUN YU FANGFA YANJIU

——ZHONGGUO GAIGE SHIJIAN HE JINGYAN ZHENGJU（1992—2019）

所得税会计理论与方法研究

——中国改革实践和经验证据（1992—2019）

王小鹏　著

中国财经出版传媒集团
中国财政经济出版社

图书在版编目（CIP）数据

所得税会计理论与方法研究：中国改革实践和经验证据：1992—2019 / 王小鹏著. -- 北京：中国财政经济出版社，2020.9

（中青年经济与管理学者文库）

ISBN 978－7－5095－9965－5

Ⅰ.①所…　Ⅱ.①王…　Ⅲ.①所得税－税收会计－研究－中国－1992－2019　Ⅳ.①F812.42

中国版本图书馆 CIP 数据核字（2020）第 148839 号

责任编辑：潘　飞　　　　责任印制：党　辉
封面设计：智点创意　　　责任校对：胡永立

中国财政经济出版社 出版

URL：http：//www.cfeph.cn

E－mail：cfeph@cfemg.cn

社址：北京市海淀区阜成路甲 28 号　邮政编码：100142

营销中心电话：010－88191537

北京富生印刷厂印刷　各地新华书店经销

880×1230 毫米　32 开　8 印张　184 000 字

2020 年 9 月第 1 版　2020 年 9 月北京第 1 次印刷

定价：38.00 元

ISBN 978－7－5095－9965－5

（图书出现印装问题，本社负责调换）

本社质量投诉电话：010－88190744

打击盗版举报热线：010－88191661　QQ：2242791300

策划人语

题记：一个人的精神成长史，取决于他的阅读史。只有阅读能最有效地培养精神生活习惯，而好的习惯又培养性格，性格决定人生。

——我们自豪，因为我们就是创造这精神产品的人。

选择了飞翔，总能看到蓝天；选择了远航，总能感受大海。人生不仅要作出选择，也要坚持住自己的选择。学会计、当编辑是我的意外选择。人说编辑是为人作嫁，可是这一选择我坚持了27年，苦在其中，乐在其中，也算是有声有色。每当我把一本本好书呈献给人们的时候，我觉得我是“富贵”的人：富，不是你身上的钱财，而是你心里的满足；贵，不是你地位的显赫，而是你被人需要的程度。

书海探寻，情怀永恒

我要说，做编辑我幸运，因为我不仅是第一个读者，可以对作品“品头论足”，也可以对作品“生杀予夺”；更重要的是，这是一个很高层次的平台，在多年与名家的交往和名著的“对话”中，深深地为他们的人格和才学所感动，被作品的精彩所吸引，这不仅使我“下笔如有神”，更使我的思想和灵魂也受到一次次洗礼和震撼，得到一次次升华。对于我的作者我的书，如数家珍，作者中不乏才学和为人同样过人的多位泰斗和“颜值高责任大”的众多才子佳人；策划的作品不仅立足专业还兼顾人文，也是情怀所在，专业加人文路才会更宽。

多年的体会是，作为一名编辑，起码要“三心二意”，即“责任心、细心、耐心”和“服务意识、创新意识”。要多策划一些有分量的拳头产品，用一个选题推动一个系统工程，用一个系统工程培养一个出版社品牌。给新入职编辑讲座时我做过一个比喻：编辑两项基本功，审稿——甚至要比博导审批学生论文还要全面、细致；选题策划——要像电影导演一样做“星探”，善于发现优秀作者和挖掘好的原创作品。记不得27年来我策划和编辑了多少书，组织和策划了一大批教材、业务培训用书、通俗读物、理论专著等，有的获得过国家、省部级各类奖项，有的以其填补空白、社会热点、风格新颖、开拓尝试等特点受到读者的欢迎。20世纪90年代我开始自主策划选题，多年来每年都有新丛书问世。比如，21世纪初内部控制研究在国内刚兴起时，策划了“现代内部控制丛书”，其中的《企业内部控制管理操作手册》是我鼓励作者将自己饱含心血的经过长期钻研和实践并被证明有效的成果奉献付梓，使更多的人能受益于此，这无疑是对我国内部控制理论探索和实践发展的一种贡献，而内部控制选题至今还是热点。2013年的《来去无尘——一位财政部长的生前事》所展现的吴波精神，与深入推进党风廉政建设相得益彰，得到中央领导同志的高度重视和重要批示。中央各大主流媒体纷纷连续报道，掀起了全社会学习吴波高尚情操的热潮。2014 年至今的前沿选题“财务云丛书”等也越来越受到业界认可。

想是问题，做是答案

众所周知，目前的图书出版业在行业竞争和纸质图书受到严重冲击的情况下，出版人无不感到莫大的危机。在这种背景下，策划一套专业图书是颇感困惑的一件事，风险更大。但即使这样我们也不能因噎废食、停滞不前，还要积极应对，继续发挥纸质图书的固有特质，挖掘出版内容和形式都精彩的原创作品，适应新形势下读者的更高需求。2017 年，我们接受新的挑战，开启新的征程，又策划了“中青年经济与管理学者文库”“当代税收名家丛书”“中国税务律师系列丛书”“现代管理实务丛书”“高等院校应用型会计人才精细化培养系列教材”等，继续为扶持学术研究和总结最新成果，在高端研究与专业知识普及和应用之间搭建一座座有益的桥梁。

每一个时代的经济环境不同，理论研究和实务探索所需要解决的问题也有所差别。当前我国不仅处于经济结构调整和供给侧改革的攻坚期，同时也处于大数据和互联网突飞猛进的变革期，矛盾叠加，风险交汇，市场环境和组织模式不断演变发展、推陈出新，经济、管理、财税等领域的新理论、新思想、新方法、新工具也层出不穷。乱花渐欲迷人眼，击水三千浪几何？这些领域的研究人员被时代赋予了更艰巨的责任，也面临着更高、更多元的要求，我们不仅要具备更广阔的学术视野，而且要有更严谨的学术思维。

输在犹豫，赢在行动

“中青年经济与管理学者文库”的作者，都是我国经济与管理领域的中坚力量，也是未来的大家。他们中有些人潜心从事理论研究，有些人则深耕在实务一线，但无论现实身份如何，视野全都没有被拘泥在“象牙塔”内。他们从不同视角对市场经济的不同要素进行细致审视，然后汇聚于“财经版”这面旗帜之下，相互碰撞，彼此激荡，力求在市场经济转型升级的关键时期留下最新鲜的“中国印记”。

这些经济与管理领域的中青年学者，就是我国市场经济发展的潜力与优势，他们的研究成果，不仅将引领市场经济的各个组成环节向更科学、更先进的方向发展，而且将成为我国政府和企业在未来经济世界扮演更重要角色的支点与动力。祝愿这些中青年学者能攀上更高的学术之山，走向更远的研究之路，也期待宏观、中观、微观各个层面的市场参与者都能从这套文库中得到切实的启发与指引，在全面深化改革、增强发展活力的关键时期，发挥正能量和积极作用，为经济社会发展增添新的动力！

如果您认可，如果您有意愿，欢迎您和您的朋友加盟我们的作者队伍！在中国财经出版传媒集团的“旗舰”下，中国财政经济出版社这“老字号”，一定励精图治，谱写新的篇章。我们用“龙的精神，玉的品质”来助力您实现梦想！

策划人：樊清玉

邮箱：qingyuf@ sina. com

2017 年春

由于涉及财务会计与税收制度的协调，所得税会计一直是会计改革的难点和重点。自我国 1990 年建立资本市场起，结合会计制度改革，上市公司相继运用过应付账款法、递延法、利润表债务法直至 2006 年新会计准则统一使用资产负债表债务法。在会计报表决策有用观的前提下，本书系统考察了美国所得税方法的演进历史，以及中国会计所得税方法的历次改革，并以 2006 年新会计准则为时间分界点，基于所得税信息价值相关性来判断此次资产负债表债务法改革的正确性问题。具体地，以 2006 年我国所得税会计制度变革、财务报告中合并报表和母公司报表同时提供的列报惯例以及 2008 年新《企业所得税法》实施为背景，以财务报告中的所得税会计信息价值相关性为研究对象，考察了“财务报告中所得税

会计信息价值相关性的影响因素与大小”这个基本问题，研究目的是完善所得税会计理论和准则，为此次所得税会计准则变革和实施效果提供理论支持和经验证据。

本书的研究意义在于，从理论意义上看，通过对所得税会计产生的会税分离条件、差异产生与摊配、所得税会计方法的形成等的史证分析，有利于我国所得税会计研究中研究视角（如制度因素）和研究方法（如史证）的补充；同时，所得税会计价值相关性的研究有利于补充所得税会计的理论基础和经验证据，提供所得税会计的国际比较。从实践意义上，通过对所得税会计产生条件的分析，提出了基于收益计量属性会税协作的可能性，为我国会税协作提供了新的视角和思路；同时，通过对所得税会计信息摊配方法和合并报表列报两因素的理论和实证分析，不仅为我国此次所得税准则变革提供了全面的理论支持和经验证据，也为完善所得税会计理论与方法、改进所得税准则以及合并财务报表准则提供了较系统的分析。

本书主要研究问题如下：(1) 所得税会计方法演进的历史和理论框架；(2) 所得税会计信息价值相关性的影响因素是什么？(3) 此次新准则的资产负债表债务法相比以前企业会计制度的应付税款法、递延法和利润表债务法，是否提供了增量信息含量？这种变革是否合理？(4) 在资产负债表债务法下，结合我国双披露模式的现状，合并报表和母公司报表中所得税会计信息的市场反应是什么，即资产负债表债务法的实施效果如何？为回答以上问题，本书采用“研究背景—历史考察—理论研究—实证研究—政策建议”的研究框架。首先，运用史证研究和规范研究的方法对所得税会计方法的演进进行了考察；其次，基于财务会计改革目标，对财务报告中所得税会计信息价值相关性的影响因素进行了理论分析；再次，以理论分析为基础提出研究假设，运用实证研究的方法，分别检验了不同所得税方法下所得税信息含量比较（2006 年），资产负债表债务法过渡期（2007—2009 年）、资产负债表债务法适应期（2010—2019 年）下所得税会计信息的信息含量；最后，根据实证结果，提出了所得税会计理论和准则完善的建议，对我国此次所得税制度变革的合理性和有效性进行了回答。研究贡献和主要结论如下：

第一，构建了会税差异中制度性差异和动机性差异的测算方法，提出了基于公允价值计量属性会税协作的可能路径。基于所得税会计信息价值相关性的考虑，将会税差异根据不同性质分为制度性差异和动机性差异，并给出了两者测算方法。进一步，在假设税会目标统一于保障经济和企业可持续发展的前提下，认为应税所得和会计利润应以经济收益为准绳，提出了会税制度基于公允价值计量属性的可能协作路径。

第二，从摊配方法和合并报表披露制度两因素研究所得税会计信息价值相关性，在逻辑上包含了信息产生的内在机制和信息传递外在机制，完善了所得税会计信息分析的理论框架，并证明：在税率不变情况下，应付税款法下所得税费用在各种所得税方法中方差最大，易造成计税期内净利润的波动；而纳税影响会计法下所得税费用的方差为零，导致了计税期内的净利润平滑。对于合并报表披露制度，我国采用同时提供合并报表和母公司报表的“双重披露制”，与美国和其他国家仅提供合并报表的“单一披露制”有根本性的制度差异，我国财务报告中所得税会计具有特殊的制度影响。

第三，对于所得税会计信息影响因素一：摊配方法。实证数据表明，资产负债表债务法相比应付税款法、递延法和利润表债务法，前者提供的所得税会计信息具有增量信息含量，体现在：①在资产负债表中，资产负债表债务法与递延法、利润表债务法确认的递延所得税负债（贷项）和递延所得税资产（借项）的差异与股价显著相关；②在利润表中，资产负债表债务法与应付税款法、递延法和利润表债务法下分别确认的所得税费用的比值与年度股票回报显著相关。这种被市场有效识别并进行了显著的个别信息定价的事实表明，资产负债表法相比其他所得税会计方法为投资者提供了决策有用的增量信息。同时，也发现了我国资本市场中存在股票定价决策的“锚定效应”，表现为投资者在2006年还是更多地倾向于使用《企业会计制度》（2001）中披露的信息，而对新所得税准则调整的相关信息了解不足。

第四，对于所得税会计信息影响因素二：合并报表披露模式。根据2007—2019年的实证数据表明：①在资产负债表中，合并报表的递延所得税资产和递延所得税负债均与股价显著相关，具有估价的信息含量。但是，特殊的是，递延所得税资产与股价显著负相关，原因可能是我国2007—2009年A股上市公司递延所得税资产的质量不高。②母公司报表向市场提供了弱的定价信息。表现在递延所得税资产和递延所得税费用的系数不显著或低显著，原因可能在于市场使用合并报表信息决策已经成为一种惯例。③合并—母公司报表的递延所得税资产差异或递延所得税负债差异，主要为子公司的递延所得税资产和负债，在检验年度中递延所得税资产差异具有定价的显著信息含量。在利润表中：①所得税费用信息具有信息含量。表现在，不论是合并报表还是母公司报表，所得税费用解释变量的系数均在1%水平以下与年度股票回报显著正相关。②作为纳税主体的母公司所得税费用信息对股票回报的解释力更强。体现在，母公司报表相比合并报表所得税费用解释变量的系数，前者更大。③合并—母公司报表所得税费用差异，主要是子公司所得税费用信息，在10%水平与年度股票回报显著正相关，对年度股票回报有显著解释力。

④当期所得税费用和递延所得税费用在股票回报中的信息含量显著不同，并且市场能够区分两者的成分差异。其中，合并报表和母公司报表中的递延所得税费用在约20%水平与股票回报显著正相关，而当期所得税费用不显著相关。⑤合并—母公司报表当期所得税费用与递延所得税费用差异，主要是子公司当期所得税费用与递延所得税费用，与年度股票回报在10%水平显著正相关，有显著的信息含量。

第五，对于合并报表和母公司报表分工与协作，不管是资产负债表还是利润表信息，合并报表和母公司报表数据模型拟合度检验（Vuong 检验）和增量研究均显示，合并报表相比母公司报表信息具有相对和增量信息含量。

第六，Ohlson（1995）收益模型证明，我国市场是一个短期投机市场，表现在年度股票回报与当年每股收益的增长显著正相关，而与当年每股收益呈负相关关系，且显著性不稳定。

绪 论

所得税会计一直是会计理论与实务中最具争议的话题和难题之一。受制于会计制度与所得税法规，相比于一般财务报告信息，所得税会计信息具有特殊的复杂性。那么，如何高质量地提供财务报告中的所得税会计信息，既是所得税会计理论问题，也是关键的所得税会计实务问题。本章首先分析选题背景和意义，其次是界定相关概念，再次提出研究目标和研究问题、研究框架和研究方法，最后指出研究特色和创新之处。

1.1 选题背景

所得税会计，真正形成于会税分离模式而非会税同一模式的国家制度约束，重心在于处理在会税分离模式下必然存在的会计利润与应税所得间的差异问题。因此，财务报告中所得税会计信息就是反映会计利润和应税所得之间关系及差异的信息，其生成依据对会税差异确认和摊配方法的不同理念，表现为具体的所得税会计方法，目前有应付税款法和纳税影响会计法之分。同时，在载体上，对上市公司来讲，又分为合并报表数据和母公司个别报表数据，而不同的国家对是否披露母公司报表又有不同的见解。可见，所得税会计信息取决于3个主要因素：(1) 会税模式的差异性；(2) 所得税会计方法的差异性；(3) 信息列报的差异性。这3个主要因素，决定了所得税会计信息的质量。国际3种因素的差异，对所得税会计信息来讲，必然导致其信息含量研究结论的差异。我国在会税模式、所得税准则和信息列报方面有特定的制度背景，因此，财务报告中的所得税会计信息价值相关性值得进一步研究。

我国于2007年开始实施新的企业会计准则，基本实现了与国际会计准则的趋同。其中《企业会计准则第18号——所得税》(以下简称“CAS 18”) 的实施，实现了所得税会计准则与国际会计准则的趋同，但其对所得税会计方法的选择和实施效果还有待检验。“‘9·11’什么都没有改变，而安然(Enron) 改变了一切!”美国经济学家Paul R. Krugman的这句警示，深刻揭示了会计信息对美国投资者信心和资本市场的影响程度。上市公司的会计信息，既具有通过特定契约机制导致特定利益相关者一定经济后果的自然属性，又具有公共产品的社会属性。“安然”事件的启示，在于对会计信息社会属性的强化，保护投资人、债权人等利益相关者的利益，从而使得提高会计信息质量成为以FASB、IASB为代表的准则制定机构推进制定高质量会计准则的原动力。为提高我国会计信息的质量，保护投资者等利益相关者的利益，实现整体框架、内涵和实质与国际惯例的趋同，我国财政部2006年2月15日发布了

1项基本准则和38项具体准则组成的新会计准则体系。新准则体系强化了会计信息决策有用性的目标，明确了制定高质量的会计准则是提高会计信息质量的基本前提，指出了事中监督和事后评价机制是保证高会计信息质量的充分条件①。新准则的亮点之一，就是首次颁布了一系列特殊业务准则，CAS 18就是其中鲜明的一例。CAS 18首次明确统一了所得税会计处理方法为资产负债表债务法，彻底改变了《企业会计制度（2001）》[以下简称“ASBE（2001）”②] 多种所得税方法并存的局面。该方法奉行资产负债表理念，确认的暂时性差异来源于资产与负债的账面价值与计税基础之间的差异，而利润表中的递延所得税费用主要是递延所得税负债和资产共同计量的结果。这种转变，彻底改变了我国原有的应付税款法和纳税影响会计法（递延法和利润表债务法）的所得税会计方法，在实现与国际惯例趋同的同时，也给以往所得税会计带来了重大变革。但是，在此种变革中，有一个基本问题值得思考：我国是新兴的市场化国家，与发达的市场化国家相比，资本市场成熟度低，相关法规制度、监管体系和执业人员素质等基础条件较差，那么所得税会计准则的此次变革，有没有必要？可不可行？答案只有一个，就是这种变革后的资产负债表债务法相比以往的应付税款法和纳税影响会计法，能否提高上市公司的会计信息质量，特别是会计信息的预测价值、反馈价值和及时性，能否提高投资者的价值相关性等，是否提供了高质量的所得税会计信息，从而提高了信息使用者的决策有用性？这个问

① 金人庆．2006. 贯彻实施会计审计准则体系 促进经济社会协调发展，《企业会计准则讲解》（2006）代序。

② ASBE，《企业会计制度（2001）》（Accounting System for Business Enterprises，2001）的英文缩写。

题是财务报告信息使用者、会计理论界和准则制定机构都非常关注的，具有重要的现实背景。因此，此次所得税准则的变革，是为制度背景。

合并报表列报模式和纳税方式国际的差异对所得税会计信息研究的影响。当前，从世界范围看，企业集团提供合并报表是国际流行的惯例，国际会计准则和美国会计准则（GAAP）就是代表。但对于母公司报表的取舍，在理论界和实务界都仍具争议，从而形成了只提供合并报表的“单一披露制”和同时提供合并报表和母公司报表“双重披露制”的格局。我国准则要求企业集团上市公司采用“双重披露制”模式，这样不可避免地产生了一个基本问题：在母子公司分别纳税的情况下，合并报表的报告主体与其法律主体呈现出了非同一性，母公司以控制为基础确定的合并主体超越了其法律主体。而所得税会计信息，是反映纳税主体，一般是法律主体在一定期间的所得税缴纳信息。在合并纳税的情况下，合并报表反映的企业集团的整体税负信息，与合并会计没有关系，从所得税信息角度看，报告主体与法律主体的区别意义不大。如美国《国家税收法》规定，只要符合关联集团（Affiliated Group）定义的，都可以合并缴纳所得税，即合并纳税①；而我国1994—2008年经国家税务总局批准的企业集团才可合并纳税，数量上主要为大型中央

① 关联集团的定义是：一个或多个可归入集团的企业，它们通过股份持有关系同一个共同的母公司相联系。须满足两个条件：1. 该企业（母公司除外）拥有的至少占80%表决权的各类股份以及至少80%无表决权的各类股份为一个或多个可归入集团内企业所持有；2. 共同母公司至少持有一家其他可归入集团内的企业的至少80%表决权的各类股份以及至少80%无表决权的各类股份。见张文贤、高伟富编著，《高级财务会计理论与实务》，大连：东北财经大学出版社，2005，第89－90页 。

企业[①]。纳税方式差异决定了合并报表所得税会计信息是否具有真正的法律含义。但是，在会计研究和市场分析中，使用合并报表已成为惯例。大量的估值模型和所得税信息含量分析，都采用合并报表数据，对于报告主体和法律主体不作区分。这作为美国资本市场会计研究的前提之一是合理的，原因在于其只披露合并报表而且企业集团采用合并纳税，同时对子公司的投资采用权益法[②]，且是完全权益法。但在我国，财务报告是同时提供合并报表和母公司报表的“双重披露制”；纳税方式是企业集团母、子公司分别纳税，尽管一段时间存在一定条件下的合并纳税；而且，在新准则中，对子公司的长期股权投资从权益法转为成本法，尽管在编制合并报表时调整为权益法，但一般是简单权益法。制度的差异导致了所得税会计信息基本前提的不对等，那么，作为会计实证研究发起地和所得税会计主流研究的美国资本市场的研究结论，是否在我国应视为圭臬，不可动摇？此为理论背景。

所得税法规变动成为所得税会计信息研究的催化剂。2007年3月16日，内外资企业所得税法合一的《中华人民共和国企业所得税法》（以下简称“新税法”）终于出台，12月11日，

① 我国合并纳税制度始于1994年实施分税制改革，标志性文件是国税总局下发《关于大型企业集团征收所得税问题的通知》（国税发〔1994〕第27号），规定经国务院批准成立的企业集团，可由其100%控股成员企业选择由核心企业统一合并纳税。第一批企业为56家，2007年颁布的新所得税法确立了法人税制的原则，具有法人资格的企业都必须单独纳税。作为过渡政策，此前实施合并纳税的106家企业经国务院批准在2008年继续实施合并纳税。

② 在美国，APB18《普通股投资核算方法中的权益法》和SFAS115《某些债务性证券和权益性证券投资的会计处理》在对投资公司的会计处理上，根据拥有的表决权股份比例：1. 少于20%时，如果能够确定投资股权的公允价值，则用公允价值法；否则，使用成本法核算；2. 20%—50%，权益法核算；3. 超过50%，合并会计报表法。

国务院颁布《企业所得税法实施条例》。新税法除了在纳税人、税率、税前扣除标准及税收优惠等四个方面实现了统一外，尤其是关于资产的税务处理方面给予了较多的重视。根据克拉尼斯基定律，会计制度与税法制度目标的差异性，决定了两种制度差异存在的必然性（魏长升、陈晓坤，2003）。以往的研究表明，会税之间的差异和一个公司税务与财务报告的动机有关，亦和会计准则与税收法规的规定这种制度性标准的差异有关（Mills et al.，2002）。如今，新的企业会计准则已向国际惯例趋同，企业所得税法也实现两税合并，伴随着会计制度和税法制度改革进程的加快，这种差异不断呈现出复杂化的特征。现实是，资产负债表债务法的应用，对子公司投资方法的改变、合并报表编制等实际会计问题进一步使所得税会计信息的列报复杂化。在美国已运用了十几年的资产负债表债务法，仍然是实务和理论中的难点；而且，所得税改革，尤其是税率变动，有可能成为企业盈余管理的动机，避税动因的盈余管理会产生一定的经济后果（王跃堂、王亮亮等，2009）。因此，在我国会计制度和税法两者几乎同时发生变迁的情况下，研究所得税会计信息问题，就成为当前所得税会计理论和方法研究的一个不容回避的问题。这既是制度背景转变的实际，也是会计理论研究的迫切要求。

因此，本书拟基于我国特定的制度环境，研究 CAS 18 使用的资产负债表债务法与先前的应付税款法、纳税影响会计法所生成的会计信息含量的差异，通过理论分析和实证检验，评价此次所得税准则变革的合理性。如果变革是合理的，其是否是成功的，即资产负债表债务法下的所得税会计信息在“双重披露制”下，是否提供了增量决策有用的信息；同时，比较这种研究结论与发达资本市场，尤其是美国市场的结论是否一致，分析这种差异的价值性，为我所用。总之，本书力图从所得税会计的根本，即所得税会计方法和所得税会计信息列报来研究所得税会计信息的价值相关性，为所得税会计准则的变革，尤其是资产负债表债务法的本土化提供理论依据和经验证据。

1.2 研究意义

1.2.1 理论意义

首先，采用史证研究方法，探寻所得税会计理论和方法的演进规律，有助于优化所得税会计研究的视角和方法。所得税会计研究既是会计中的所得税问题，也是所得税税务中的会计问题。所得税会计产生于市场经济和税收法规与会计制度分离的制度条件下，因此只能成型于西方发达市场经济国家，而不可能产生于计划经济的政府会计。所得税会计的重心在于对会税差异的不同确认和摊配的理念与方法的取舍，表现为不同的所得税会计方法。在这条演进轨迹中，基本航标是财务会计的目标，即财务报告目标，而非所得税法目标。在会计准则制定机构着眼于资本市场、以决策有用观作为财务报告目标的大环境下，扬弃应付税款法而采用纳税影响会计法成为必然，进一步以资产负债表债务法取代递延法或利润表债务法也似乎是顺理成章，其目的是力图提高财务报告信息对投资者的价值相关性。再者，我国的市场经济区别于西方的市场经济，会税模式既不同于美英的完全独立模式，也不同于法德的完全统一模式，服务于公有制为主体的资本市场的决策有用的会计目标观与私有制主体下决策有用观的会计目标也有所区别，如我国政府要对国有企业国有资本金绩效进行考核。因此，我国的所得税会计，既有与国际惯例趋同的一面，应吸取其有利成分，更有体现我国特定环境的一面，而且后者更为重要。对所得税会计产生的会税分离条件、差异产生与摊配、所得税方法的形成等的史证分析，是对我国所得税会计研究中研究视角（如制度因素）和研究方法（如史证）的补充。

其次，所得税会计价值相关性研究有利于补充所得税会计的理论基础和经验证据。所得税会计信息的特征，在于其不同于一般会计信息，具有税法约束的特殊的外部监管机制，能够提供会计信息质量的基本判断。Philips，Pincus 和 Rego（2003）的研究显示，递延税款指标可以有效识别公司的盈余管理行为。因此，所得税会计信息就成为股票估值中的可选指标，具有一定的信息含量。但是所得税会计信息含量，取决于其所采用的所得税会计方法及其信息列报两个因素。而已有的研究基本是在既定的所得税会计方法或既定的财务报告列报模式下进行的，如对美国公司的研究是基于合并财务报表模式下的某种所得税会计方法，近期主要是资产负债表债务法的研究，缺乏与其他方法的对比，也缺乏与其他列报模式的对比。这种研究缺陷有可能在我国独特的制度环境下予以弥补或克服。对于因素一，从史证可知，所得税会计方法的形成，更多的是实务界的惯例、理论界的偏好或准则制定机构的推行，缺乏严谨的理论证明和稳健的实证检验。在对所得税方法进行一般模型描述的基础上，若能进行实证检验，有利于一定程度上为所得税方法选择提供理论基础。而我国 2006 年上市公司 4 种所得税方法共存的数据样本提供了各种方法比较检验的可行性。对于因素二，所得税信息的提供，受财务报告列报模式的影响，我国采用的是区别于美国合并报表“单一披露制”的“双重披露制”，通过对我国合并报表和母公司报表所得税会计信息含量的分析，有利于提供两种披露制度下所得税会计信息含量差异的经验证据。因此，从两因素角度出发，针对财务报告中所得税会计信息含量问题进行理论推演和实证检验，有助于完善所得税会计的理论与方法体系，并为所得税会计准则的实施效果提供新的经验证据。

最后，通过对我国所得税会计信息的理论分析和实证检验，结论有利于提供所得税会计的国际比较。我国与发达资本市场有显著的制度差异，而会计理论与方法取决于具体的制度环境。通过对我国所得税会计信息的相关性，包括预测价值、反馈价值和及时性的分析，以及对所得税会计信息含量的检验，不仅能为我国所得税等相关会计准则的制定与修订提供依据，而且能为比较国际会计提供素材。

1.2.2　实践意义

首先，通过对所得税会计的产生条件，即会税分离制度和会税差异的分析，提出了基于收益计量属性的会税协作的可能解释，有利于为我国会税协作提供新的视角和思路。

其次，通过研究所得税会计方法的演进和资产负债表债务法相比应付税款法、递延法和利润表债务法的增量信息含量的检验，能够为我国此次所得税会计准则变革以及收入费用观向资产负债观的转变成效提供经验证据。

最后，在我国所得税会计制度和所得税法几乎同步变革的新的制度环境下研究资产负债表债务法下合并报表、母公司报表和合并—母公司报表差异等所得税会计信息含量，是综合考虑所得税会计和合并报表问题。这对借鉴和吸收国外研究成果，完善所得税会计理论与方法，提高信息使用者的决策效率，完善所得税准则以及合并财务报表准则都提供了证据。

1.3 相关概念的界定

1.3.1 摊配与所得税会计方法

(1) 摊配概念。摊配是与权责发生制和配比原则相伴而生的。在 Paton 和 Littleton (1940) 最早设计的传统会计逻辑框架中，权责发生制和配比原则就是最主要的概念。在 Joel G Siegel 和 Jae K Shim (2007)《会计辞典》中，摊配 (Allocation) 被界定为：将一个“计价账户”进行划分，并将划分结果的子集分摊到各个期间。而所得税费用的摊配理念，是 1944 年会计程序委员会 (ARB) 发布的会计研究公报第 23 号《所得税会计》(ARB No. 23) 正式奠定的，直至今日。如 1953 年《会计研究公报第 1 号至第 42 号的重新表述与修订》(ARB NO. 43) 再次重申：“当必要和可行的时候，所得税是一项应该被摊配至利润或其他账户的费用，就如其他费用摊配一样。利润表应该反映的，……是该费用恰当地摊配至当年利润表中的利润中。”

(2) 全面摊配与部分摊配。目前，美国有效的 SFAS No. 109《所得税会计》认为，“所得税会计的目标是确认企业当期支付的税金以及暂时性差异、净营业损失和未用的税款贷项的未来纳税后果” (Par. 3, Par. 6)。税前会计利润和应税所得税的差异包括永久性差异和暂时性差异。永久性差异没有所得税摊配后果，仅暂时性差异要进行跨期摊配。全面摊配观点认为，产生暂时性差异的交易或事项会影响未来暂时性差异实现时会计期间的现金流，因此，要求对全部暂时性差异进行摊配，而不管其重要性或是否转回。而部分摊配观点则认为，会计期间所得税费用的确认不会受到预期未来不会转回的暂时性差异的影响，要求只对不重复出现的暂时性差异进行摊配。

（3）跨期摊配与期内摊配。跨期摊配是对暂时性差异产生的未来所得税影响进行确认，即只对递延所得税进行摊配。实际上，除了这种跨期配比之外，还存在特定会计期间所得税费用与其相应的项目相配比的问题，即当期的所得税费用在财务报表的不同项目中分配，如在税前利润、会计原则变更的累计税后净额，非常项目税后净额和前期调整的税后净额中列示。国际会计准则（IAS）就规定了期间摊配和期内摊配（IAS 12，Par. 77－85）。

（4）所得税会计方法。所得税会计方法是递延所得税跨期摊配方法的具体体现。根据是否对递延所得税进行跨期摊配，有不进行跨期摊配的应付税款法（当期计列法、流尽法）和进行跨期摊配的纳税影响会计法，包括递延法、资产负债表债务法和利润表债务法。其中，纳税影响会计法可以采用全面摊配法，也可以是部分摊配法，并且对负债法下的递延税款，可以选择折现或不折现进行确认。期内摊配仅对既定的所得税方法下核算的所得税费用进行报表项目的摊配，对决定所得税会计方法本身没有影响。

1.3.2 合并报表披露模式

合并报表，即合并财务报表，是指反映母公司和其全部子公司形成的企业集团整体财务状况、经营成果和现金流量的财务报表（CAS 33）。当前在世界范围内，集团上市公司母公司编制合并报表已成为基本的法定义务和惯例。依据戴德明、毛新述等（2006）的界定，目前世界范围内形成了合并报表的两种披露制度：一是以合并报表取代母公司报表，母公司只对外提供合并报表的“单一披露制”，美国和加拿大是典型代表；二是母公司同时提供合并报表与母公司报表的“双重披露制”，我国采用该模式。而国际会计准则采用一定豁免条件下合并报表披露的折中模式，如 IAS 27《合并财务报表和单独财务报表》中规定了豁免编制合并报表的四项条件（par. 10）[①]。

1.3.3 会计信息价值相关性与信息含量

会计信息价值相关性和信息含量是相互联系的一个概念。如果一项会计数据与权益市场价值之间存在一种可预测的联系，那么它就被定义为是价值相关的（Barth，Beaver and Landsman，2001）。会计数据的价值相关性越高，信息含量就越高。实际上，信息量是信息论中量度信息多少的一个物理量，它从量上反映具有确定概率的事件发生时所传递的信息[②]。在资本市场会计研究中，信息含量一般认为是特定会计数据与股票价格或股票回报或其变动相联系的可能性的大小[③]。Ball 和 Brown（1968）首次运用实证研究提供了会计盈余数据对股票异常回报具有信息含

① IAS 27, Par. 10: A parent need not present consolidated financial statements if and only if: (a) the parent is itself a wholly - owned subsidiary, or is a partially - owned subsidiary of another entity and its other owners, including those not other otherwise entitled to vote, have been information about, and do not object to, the parent not presenting consolidated financial statements; (b) the parent's debt or equity instruments are not traded in a public market (a domestic or foreign stock exchange or an over - the - counter market, including local and regional markets); (c) the parent did not file, nor is it in the process of filing, its financial statements with a securities commission or other regulatory organization for the purpose of issuing any class of instruments in a public market; and (d) the ultimate or any intermediate parent of the parent produces consolidated financial statements available for public use that comply with IFRS.

② http: //baike. baidu. com/view/721936. htm.

③ 在会计中关于“信息含量”的界定，在本书能及的文献中未找到正式定义。Ball 和 Brown（1968）在结论中直接运用了“信息含量”的概念：“The initial objective was to assess the usefulness of existing accounting income numbers by examining their information content and timeliness.”

量的系统性证据，此后会计领域的资本市场研究文献提供了大量有关会计数据信息含量（Information content）的经验证据。Holthausen 和 Watts（2001）将价值相关研究归为3类：（1）相对联系研究（Relative association studies），是比较股票价值或其变动与各线下指标（Alternative bottom - line measures）之间的联系。这些研究通常是比较各种线下会计数据与股票价值回归 R^2 的差异。（2）增量联系研究（Incremental association studies），是在控制其他变量的前提下，受关注的会计数据是否能够为解释长窗口的股票价值或回报提供帮助。如果所估计的会计数据的回归系数显著不为0，那么该会计数据通常被认为是价值相关的。（3）边际信息含量研究（Marginal information content studies），是考察一项特定的会计数据是否能够增加投资者可获得的信息集。这些研究通常采用时间研究方法（短窗口回报率研究）以确定一项会计数据的公布（在控制其他信息公布的条件下）是否与公司的价值变化直接存在联系。

1.3.4 研究概念界定

（1）摊配方法，是指所得税费用的摊配方法，主要是递延所得税的跨期摊配，但也包括所得税费用的期内摊配。

（2）合并报表披露模式，是指财务报告中合并报表的披露制度，以突出我国同时披露合并报表和母公司报表的“双重披露制”区别于美国仅披露合并报表的“单一披露制”的报表列报制度。

（3）财务报告中的所得税会计信息，是指在企业财务报告中披露的包括会计报表、附表和附注中的有关所得税事项的数据，如资产负债表中的递延所得税资产和递延所得税负债、利润表中的所得税费用、现金流量表中的所得税支付和其他附注信息。而依据财务报告中所得税会计信息测算的企业当期应税所得、有效税率、税收筹划等非按照所得税准则和其他相关准则确认、计量和报告的信息，可称为衍生所得税会计信息。

(4) 信息含量，是指所得税会计信息对股票价格或股票回报的解释力。

1.4 研究目标与研究问题

1.4.1 研究目标

本书拟以我国所得税会计准则变革为背景，以影响所得税会计信息质量的递延所得税摊配方法和信息报表列报两因素，表现为以所得税会计方法和合并报表披露制度两因素为视角，以所得税会计信息价值相关性为研究对象，研究所得税会计信息形成的理论框架，同时实证检验我国所得税会计方法和合并报表“双重披露制”下所得税会计信息含量，目标是完善所得税会计理论和准则，也为此次所得税会计准则变革及实施效果提供理论分析和经验证据。

1.4.2 研究问题

根据上述目标，研究问题为：我国所得税会计改革效果如何？具体问题如下：

(1) 所得税会计信息价值相关性的基本理论与分析，包括会税差异与基于价值相关性的重分类、摊配理论与方法、所得税会计方法的一般描述与信息质量，以及合并报表的披露模式等，明确决定所得税会计信息含量的前提条件和影响因素。

（2）所得税会计信息的信息质量，包括可靠性（可稽核性、如实表达和中立性）和相关性（预测价值、反馈价值和及时性）。

（3）所得税会计准则变革，主要体现为所得税会计方法变革，其基本目标是提供信息给使用者更多有用的决策信息。对应的问题是，在我国资产负债表债务法相比 ASBE（2001）的应付税款法、递延法和利润表债务法，是否提供了增量的信息？这种变革是否理性？

（4）资产负债表债务法下，合并报表和母公司报表中递延所得税资产和递延所得税负债是否具有信息含量？合并报表和母公司报表中所得税费用，包括当期所得税费用和递延所得税费用是否具有信息含量？合并报表是否相比母公司报表能够提供增量信息含量？即新准则资产负债表债务法应用的市场反应是什么？

1.5 研究框架与研究方法

本书在我国所得税会计准则变革的背景下，以所得税摊配方法和合并报表披露制度为视角对所得税会计信息含量进行理论分析。在理论分析和已有研究成果的基础上，以会计信息价值相关性为理论前提，提出研究假设，运用我国 2006 年、2007—2009 年、2010—2019 年沪深两市 A 股上市的样本，分别实证检验不同所得税会计方法比较、资产负债表债务法下报表信息的有用性，评价我国所得税会计准则变革的合理性和变革效果。对进一步提高我国所得税会计信息含量提供了政策建议，以便为我国所得税会计理论的完善、会计准则的修订提供理论分析和经验证据。

研究框架如图 1－1 所示。

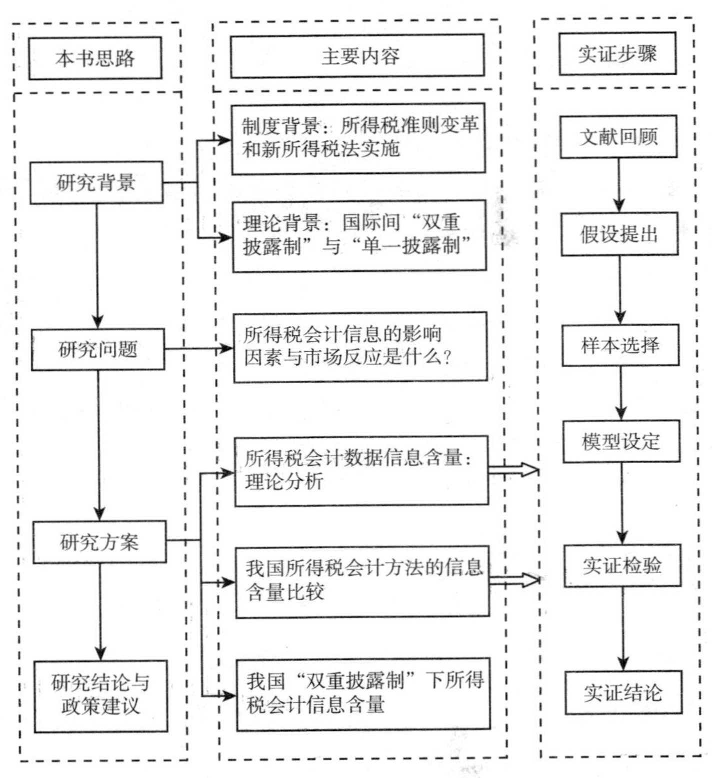

图 1－1　研究框架图

1.6　研究特色和创新之处

（1）本书对会税差异的制度性差异和动机性差异构建了测算方法，可以为利用会税差异信息进行盈余质量分析和股票估值等提供支持。

(2) 本书依据所得税摊配方法和合并报表列报制度两因素构建了所得税会计信息含量分析的理论框架，其包含了所得税信息产生的内在机制和信息传递外在的机制，在逻辑上比较全面。

(3) 本书结合所得税会计方法的一般原理描述，运用实证检验提供了应付税款法、递延法、利润表债务法和资产负债表债务法的增量信息含量，补充了所得税会计方法选择的经验证据。

(4) 本书实证检验了资产负债表债务法下合并报表和母公司报表中所得税会计信息的信息含量，为我国新准则下所得税会计信息质量和合并报表“双重披露制”模式提供了经验证据，有利于完善我国的所得税会计和合并报表准则。

第2章 文献综述

会计信息的价值相关性研究，起源于决策有用性的财务报告目标和有效市场假说（EMH）。自从 Samuelson（1965）、Fama（1965）和 Mandelbrot（1966）的研究提出有效市场假说以来，EMH 就成为现代金融学的范式，也成为基于资本市场的会计研究的最为充分、争论最为激烈的命题，并产生了大量的文献。由于所得税会计要涉及会税制度的协作问题，使所得税会计信息的研究具有一定特殊性。自 LLSV（1997）开创了“法与财务”的研究先河后，产生了一系列有关制度环境与决策相关性、会计信息质量以及信息披露的研究（修宗峰，2009）。Desai，Dyck 和 Zingales（2007）研究了跨国所得税制、公司治理与大股东“掏空”的关系。曾亚敏和张俊生（2009）研究发现，在中国，税收征管能够作为一种外部治理机制发挥公司治理的功用。因此，针对研究问题的需要，仅对财务报告中所得税会计信息的相关研究进行回顾，不包括依据财务数据测算的企业应税所得、有效税率、税收筹划等衍生所得税会计信息的研究。本章的文献回顾和梳理分为五个部分：第一，所得税会计理论和方法的基本演进；第二，会计信息的价值相关性的研究回顾与评述；第三，所得税会计信息价值相关性的研究回顾；第四，合并财务报表披露模式的价值相关性研究回顾；第五，对已有研究文献的基本评析。

2.1　所得税会计理论与方法的基本演进

2.1.1　所得税会计的理论框架

所得税会计诞生于美国，但其所得税会计的理论框架，遵循于其税务会计的理论框架，直接体现在所得税会计准则的制度和演进中，而很少单独有所得税会计理论框架的提法①。刘扬新（1994）以税务会计的概念及其在美国的地位为基础，指出美国联邦税务会计的目标是致力于处理何时确认收入和费用这一关键性问题，介绍了美国联邦税务会计的理论框架。

与国外研究不同，我国学者对所得税会计的理论框架进行了诸多论述。所得税会计是在税法与会计制度分离的条件下产生的，其学科的性质根据其与财务会计和税务会计的关系，有财务会计分支说、独立说和税务会计分支说。一般认为，所得税会计是财务会计兼有税务会计的特征，具有特殊的理论框架。于长春

① 在本书涉及的资料中，并没有看到国外关于所得税会计理论框架研究的文献。

（2001）以税务会计的目标为出发点，设计了我国税务会计的理论框架，包括税务会计目标、假设、原则、要素、方法和报告，并提供了所得税会计准则的国际比较。盖地（2005）认为，所得税会计的理论结构包括所得税会计产生的条件、目标、假设、对象及会计要素、基本原则和基本方法。许善达（2005）基于所得税准则制定的需要，研究了所得税会计的概念、目标、应遵循的原则和基本内容。所得税会计理论研究的主要结论见表 2－1。

表 2－1　所得税会计理论框架的研究结论

	美国（刘扬新，1994）	盖地（2000，2005）	于长春（2001）①	许善达（2005）
目标	确认是否是收入或费用，及何时确认收入和费用	确认收入与费用的范围、时间、金额，调整会计利润，确认递延税款	向其利害关系人提供有关纳税人税务活动的信息	确认其对递延所得税资产（或负债）的影响
前提假设	应纳税年度、货币时间价值、年度会计核算	会计四大假设、货币时间价值、年度会计核算、纳税年度	纳税主体、持续经营、会计分期、货币计量和货币时间价值	—
对象或要素	—	会计所得与应税所得、永久性差异与暂行性差异、所得税费用与应交所得税	会计收益与应税收益、时间性差异与永久性差异、税款费用与应纳税额、经营所得与资本利得	税前会计利润与应税所得之间的差异

① 于长春（2001）并没有单独提出所得税会计的理论框架，而是税务会计的理论框架，包括所得税、增值税等其他税种。

续表

	美国（刘扬新，1994）	盖地（2000，2005）	于长春（2001）	许善达（2005）
原则	与日常簿记相一致原则、明晰地反映所得原则、一贯性原则	实现制与应计制、与财务会计日常核算方法一致、划分营业收益与资本收益、配比性、确定性、可预知性	规范税务会计行为的原则（合法性、调整性、公平性、经济性、受查性）；规范税务会计方法的原则（收付实现制和权责发生制）	财务会计一般原则：13条；税法特征的一些特殊原则：成本效益原则
会计方法	收付实现制、权责发生制；特定项目如分期付款销售和存货处理的会计方法	程序方法、技术方法、会计处理方法	纳税调整方法、计算税金方法、纳税筹划方法、纳税申报方法	4种所得税会计处理方法
报告	—	所得税会计报告	—	—

从表2－1可知，当前所得税会计是财务会计的一个分支，而非区别于财务会计的独立体系。其理论框架的构建与财务会计一致，是以所得税会计目标为导向的，在此基础上设定前提假设、会计对象或要素、会计原则、会计方法和报告。但是，不可否认，所得税会计理论结构最终体现在所得税会计准则中，集中体现为所得税会计方法。

2.1.2　所得税会计方法的形成与演化

对所得税会计基本理论和方法的研究，美国学者或团体的研究最具代表性，以下仅对美国所得税会计的形成按时间顺序进行基本回顾，见表2－2。

表 2-2　美国所得税会计形成的主要观点与基本历程

时间	机构/研究者	主要观点
1920	AIA	所得税是一种分配
1936	AIA	所得税是其他费用或营业费用
1941	AIA	所得税不是营业费用，而仅仅是列支于利润表的代表当期支付的费用
1940	CAP ARB No. 18	首次提出所得税跨期摊配和期内摊配
1942	ARS No. 3	所得税是一项费用
1944*	ARB No. 23	所得税是一项费用，应予以摊配
1945	SEC	反对将所得税费用进行摊配，原因是导致期间利润均衡
1945—1954	—	会计理论、实务界、监管机构关于所得税如何在报表反映没有达成一致意见
1954	The Revenue Act	允许处于税法目的进行加速折旧，引发了如何摊配会税差异的讨论，对“时间性差异”进行跨期摊配在理论界支持而在实务界遭到反对
1957	Moonitz	区分了永久性差异和时间性差异，提出时间性差异的配比方法
1965	Jerston	提出将所得税费用分为：当期支付的所得税、当期递延所得税和当期到期或不再支付的递延所得税三项
1966	Mateer	提出按会计利润或应税所得计算所得税费用
	Winborne and Kleespie	支持所得税费用按配比原则进行跨期摊配
	Masheb	提出递延所得税费用的“其他负债”的观点
	Perry	提出递延税项贷方不是真正的负债
1967	Price Water House and Co.	提出递延所得税部分摊配的观点
	The Treasury Department	反对所得税递延，原因是企业的所得税实际支付减少了

续表

时间	机构/研究者	主要观点
1967*	APB Opinion No. 11: Accounting for Income Taxes	确立了所得税全面跨期摊配，将所得税费用划分为当期支付的所得税、当期摊配的所得税，并将递延所得税划分为当期余额和非当期余额
1968	Waugh	反对 APB Opinion No. 11 将递延所得税归为一项负债
	Simonetti	质疑 APB Opinion No. 11 跨期摊配的可操作性，建议修订
	Savoie	支持 APB Opinion No. 11，在报告标准和减小所得税处理实务中差异所付出的努力
1969	Revsine	支持 APB Opinion No. 11，认为递延税项代表一项资金，应该被确认
1975	SFAS No. 9	所得税会计：石油和天然气企业
1980	SFAS No. 37	递延所得税在资产负债表中的分类，认为："和资产与负债有关的递延税项归为资产或负债，而与资产和负债无关的递延税项根据预期时间性差异的转回归类。"
1983	FASB	讨论备忘录：所得税相关会计问题的分析
1983	Rosenfield and Dent	支持将 APB Opinion No. 11 从 GAAP 中废除
1984	Wyatt, Dieter and Stewart	首次在财务框架概念框架第1号（SFAC No. 1）基础上讨论递延所得税全面摊配；在 SFAS No. 3 基础上讨论递延所得税是一项负债
1984—1985	Davidson, Rasch and Weil; Andresky; Volkan and Rue	发现了递延税项账户的大量增长，转回很小
1987*	SFAS No. 96	取代 APB Opinion No. 11，废除递延法，几乎修订了 GAAP 中所有关于所得税处理的准则和解释公告，保留了全面摊配观，采用负债法，用暂时性差异取代时间性差异。但引起激烈批评，如实施成本过高，递延所得税负债表述和递延所得税资产确认就违背了"概念框架"和"持续经营"等

续表

时间	机构/研究者	主要观点
1988	SFAS No. 100	所得税会计——SFAS No. 96 号公告生效日期的推迟——对 FASB 第 96 号的修订
1989	SFAS No. 103	
1991	SFAS No. 108	
1992*	SFAS No. 109	全面确立了资产负债表债务法

注：（1）AIA：American Institute of Accountant，美国会计师协会；（2）ARS：Accounting Research Study，会计研究；（3）ARB：Accounting Research Bulletin，会计研究公告；（4）SEC：Stock Exchange Committee，证券交易委员会；（5）The Revenue Act：收入法案；（6）Price Water House and Co.：普华国际会计公司；（7）The Treasury Department：财政部；（8）FASB：Fiancial Accounting Standards Board，财务会计准则委员会；（9）SFAS：Statements of Fiancial Accounting Standards，财务会计准则公告；（10）标 * 号的为代表性制度。

所得税会计诞生、发展和成熟于美国，其他准则制定机构或国家所得税准则的制定均借鉴了美国的经验。国际会计准则委员会（IASC）、英国和我国所得税会计方法的形成和演化基本历程见表 2－3。

表 2－3　　所得税会计方法的基本演进

国别/机构		时间	会计规范	所得税方法
美国	CAP	1944. 12	ARB No. 23	债务法、纳税净额法
	APB	1959	APB Options No. 6	递延法、债务法
		1967	APB Options No. 11	全面摊配观下的递延法
	FASB	1980	SFAS No. 37	划分递延所得税的流动性和非流动性
		1987	SFAS No. 96	全面摊配观下的债务法
		1992	SFAS No. 109	资产负债表债务法
IASC		1979. 7	IAS 12	递延法、利润表债务法
		1996. 10	修订后的 IAS 12	资产负债表债务法

续表

国别/机构		时间	会计规范	所得税方法
英国	ASC	1975	SSAP 11	递延法、债务法
	ASB	2000	FRS 19	利润表债务法
中国	财政部	1994	所得税会计处理暂行规定	应付税款法、递延法和利润表债务法
		2000	企业会计制度	应付税款法、递延法和利润表债务法
		2006	CAS 18	资产负债表债务法

注：（1）ASC：Accounting Standards Committee，会计准则委员会；（2）SSAP：Statement of Standard Accounting Practice，标准会计实务公告；（3）ASB：Accounting Standards Board，会计准则委员会；（4）FRS：Financial Reporting Standards，财务报告准则。

从表2-3可知，所得税会计方法的基本演进路径为：应付税款法和纳税影响会计法中的递延法和利润表债务法，和当前主流的资产负债表债务法。所得税会计的核心问题是时间性差异（暂时性差异）的跨期摊配，关键是跨期摊配的方法选择与运用，是影响所得税会计信息内在的决定因素①。从国际主要准则制定机构的经验来看，当前普遍采用的资产负债表债务法，其确认的递延所得税负债/资产更加符合资产和负债的定义，遵循资产负债表债务法，直接服务于投资者的决策有用性。

2.2 会计信息价值相关性的研究回顾

2.2.1 决策有用性的信息观与价值相关性的计量模型

信息观认为，预测未来公司业绩的责任在个人，并且专注于

① 对于摊配的分析，详见本书3.2节。

为此提供有用的信息，其假设证券市场是有效的，认为市场会对所有来源的信息作出反应，包括财务报表（Scott，2003）。Ball和Brown（1968）、Beaver（1968）开创了会计信息资产市场实证研究的先河，他们首次以系统的证据进行论证，认为股票的非预期回报会对会计信息作出反应。信息观主要研究对象为盈余反应系数（ERC），认为市场反应的原因包括β系数、资本结构、盈余持续性、盈余质量、公司的成长机会、投资者预期等。信息观的研究直至今日，实证研究文献极为丰富。2001年，在美国*Journal of Accounting and Economics*（JAE）杂志上相继发表了多篇信息观的实证文章综述和评论，包括：《价值相关性文献对财务会计准则制定的相关性研究》（Holthausen and Watts）、《价值相关性文献对财务会计准则制定的相关性研究：另一种观点》（Barth、Beaver and Landsman）、《会计领域的资本市场研究》（Kothari）、《市场有效性的相关会计研究：对“会计领域的资本市场研究”的一个评论》（Lee）、《信息不对称、公司信息披露和资本市场：有关信息披露的实证研究文献述评》（Healy and Palepu）和《有关信息披露的实证研究文献述评》（Core）等，对信息观的理论和实证研究进行了系统、权威的综述和评析。最近，Dechow，Ge和Schrand（2010）则对盈余质量的代理变量，包括盈余持续性、应计额、应计模型的残差、平滑度、损失确认的及时性、标杆、ERC和非公允报告的外部指标（如SEC处罚公告、报表重述、内部控制报告的非有效性）；决定因素，包括公司特征、财务报告实务、公司治理、审计师、资本要求、税制等；经济后果，包括诉讼偏好、审计师意见、市场估值、高管薪酬、资本和债务成本和分析师预测准确度等，全面进行了综述。

信息观实证研究采用的基本理论为直接估值理论和权益估值

输入理论（Barth，2000）。价值相关性研究运用的估值模型主要有资产负债表模型、收益模型和 Ohlson 的剩余收益估值模型；研究类型上则主要包括相对联系研究、增量联系研究和边际信息含量研究（Holthausen and Watts，2001）。在模型的实施上则包括价格水平和回报率两种实证模型（Kothari and Zimmermann，1995）。研究内容上也包括比较不同模型中的信息含量，如比较会计盈余和现金流与股票回报之间的联系（Biddle et al.，1997；Dechow et al.，1998）。信息观采用的方法主要有事件研究和关联研究。

2.2.2　决策有用性的计量观与价值相关性的计量模型

计量观认为，在具有合理可靠性的前提下，会计人员应负责将公允价值融入财务报表中，从而认可他们在帮助投资者预测公司内在价值时应承担的义务（Scott，2003）。计量观产生的主要原因在于，许多理论和证据证明证券市场并不是完全有效的，投资者在处理信息时并没有有效市场理论假设的那样精确，而在财务报表中更多地运用公允价值将增加其有用性。市场不完全有效主要体现在投资者的自我归因偏见（Hirshleifer，2001）、市场泡沫（Shiller，2001）和市场异象（Kothari，2001）等。Feltham 和 Ohlson 的净剩余模型（1995）提供了一个与计量观一致的理论框架，也包括 Ohlson（1995）及其扩展模型（如 Ohlson，1999，2001），所做的主要实证研究包括比较股利模型、现金流量模型以及残余收益模型的相对收益预测能力。在我国，王跃堂等（2001）、陈信元等（2002）、罗胜强（2007）均运用 F－O 模型发现净资产和收益具有价值相关性。

公允价值的价值相关性研究。在金融工具的相关准则出台之前，公允价值相关性的研究主要集中于非金融资产。如 Beaver

和 Landsman（1983）、Beaver 和 Ryan（1985）、Bernard 和 Ruland（1987）均发现历史成本下的收益并不比现行成本和重置成本下的收益更具相关性。Bublitz 等（1985）和 Murdoch 等（1986）则发现公允价值具有增量的解释能力，并将以前无相关性的结果归咎于模型设定错误。自 SFAS NO. 107①发布以来，大量的公允价值相关性文献开始集中于金融工具。Barth（1994）以 1971—1990 年银行为样本，研究发现披露投资性证券的公允价值相对于历史成本而言，对银行股票的价格具有更强的解释力。Eccher 等（1996）、Barth 等（1996_a）、Khurana 和 Kim（2003）都发现公允价值信息具有增量的价值相关性。在国内，邓传洲（2005）、朱凯等（2008）、李姝（2009）等均发现公允价值与股价或股票回报有显著的相关性②。

综上所述，本节仅对会计信息价值相关性研究代表性文献进行了综述，目的是说明会计信息在股票定价或股票回报中的作用，归纳出其基本逻辑、应用模型和已有的主要研究结论。而并没有全面深入各种具体细节，这主要与所得税会计信息研究的目标有关。该部分文献回顾的重点在于表明所得税会计信息可能存在的信息含量，而并不力图对会计信息价值相关性研究本身做全面回顾和评述，况且如上所述，已有大量权威、深入的会计信息相关性研究综述文献存在。总之，从已有的研究结论可知，市场会对各种会计信息作出反应，尽管这种反应的强度和效率并不尽

① SFAS No. 107：Disclosure about Fair Value of Financial Instruments（金融工具公允价值的披露），1991 年 12 月发布。

② 在我国，旧企业会计准则《债务重组》（1998. 6. 12）、《投资》（1998. 6. 24）和《非货币资产交易》（1999. 6. 28）3 个准则中，首次提到了“公允价值”，但在 ASBE（2001）则要求回避使用公允价值，直到 2006 年新准则颁布，重新将公允价值作为 5 种计量属性之一。

相同，从这个基本逻辑出发，所得税会计信息也应该具有价值相关性。但其并不同于一般的会计信息，如盈余和现金流信息，其仅受会计准则的约束，而不考虑税收法规约束。所得税会计信息的这种特殊性，是其特有的会计处理方法决定的，其信息含量依赖于有效的实证检验。

2.3　所得税会计信息价值相关性的研究回顾

2.3.1　不同所得税会计方法下所得税会计信息的价值相关性

关于对所得税会计方法信息含量的直接检验，Ayers（1998）研究了 SFAS No. 109 下资产负债表债务法相比 APB Opinion No. 11 中递延法信息的增量价值相关性，研究发现：（1）APB Opinion No. 11 下的递延所得税负债及 APB Opinion No. 11 向 SFAS No. 109 递延所得税负债的调整与普通股市场价值在 2% 水平下显著负相关；（2）在 SFAS No. 109 下，递延所得税资产和负债与市场价值分别在 1% 水平下显著正相关和负相关，同时，递延所得税估价备抵（Valuation allowance）与股票市场价值在 1% 水平下显著负相关；（3）在 1993 年税收调解法（The Revenue Reconciliation Act of 1993）下，由于税率升高导致在 SFAS No. 109 下核算的递延税项的调整额与股票市场价值在 1% 水平下显著负相关；（4）最后，文章在结论中特别建议，应将递延所得税资产存在的估价备抵和税率变动的调整分别进行确认。

在我国，针对 CAS-18 下资产负债表债务法的应用，陈丽花等（2009）运用 2007 年沪深两市 A 股数据，研究资产负债观相比收入费用观的会计信息质量，在研究方法上，用“最纯净”的能代表资产负债观的所得税准则作为切入点，研究发现：（1）所得税准则的实施对净资产的累计影响（用递延所得税资产减去递延所得税负债）、所得税准则的实施对每股收益的累计影响（用递延所得税资产对每股收益影响减去递延所得税负债对每股收益影响）与普通股的市场价值均在1%水平下显著正相关；（2）递延所得税资产和负债在1%水平下分别与市场价值正相关和负相关；（3）新税法实施导致的税率下降对净资产和每股收益的影响分别与市场价值在5%水平下显著正相关。结论认为，递延所得税资产和递延所得税负债的分开列报提供了增量的价值相关性，资产负债观显著地改善了中国上市公司的会计信息质量。

除此之外的其他研究，则没有直接研究所得税会计方法的价值相关性，而是对所得税方法选择动机或因素进行研究。如刘斌等（2005）运用2002年我国A股公司24家样本研究发现，所得税方法中纳税影响会计法的选择，与政治成本和收益波动程度显著正相关，而和簿记成本显著负相关。车菲（2005）运用2003年的样本，发现会税差异、企业规模、利润波动和减值准备比率与纳税影响会计法的选择显著相关。王菊（2007）运用我国2003—2005年采用纳税影响会计法的83家样本，研究发现债务契约与“壳资源”假设与纳税影响会计法的选择显著相关。

从上文可知，Ayers（1998）给出了美国SFAS No. 109相比APB Opinion No. 11的经验证据，证明了从价值相关性角度所得税会计准则采用资产负债表债务法而取消递延法是合理的。而陈丽花等（2009）的研究目的在于对收益决定的资产负债观与收入费用观进行比较，只是将所得税会计准则作为切入点，而非集中研究资产负债表债务法本身。可见，所得税会计方法价值相关性的研究，还缺乏充分的经验证据支持。同时，我国研究也表明，在多种所得税方法可供企业选择的情况下，对某种所得税会计方法的选择，并非出于提高所得税会计信息有用性的报告动机，更多的是出于企业非财务报告的管理动机，如政治成本、债务契约和“壳资源”保护等。

2.3.2 所得税会计信息价值相关性

当前，关于所得税的会计研究，已突破了经典财务管理的“Scholes – Wolfson”范式①，而集中在会税协作②、会税差异③、利用所得税账户进行盈余管理④以及所得税账户信息的定价研究上。如 Philips，Pincus and Rego（2003）研究发现，递延所得税费用比总应计和操纵性应计更能发现企业的盈余管理。鉴于对所得税会计信息含量研究的需要，以下仅对所得税信息定价进行

① 指以 M. S. Scholes 和 M. A. Wolfson 为代表的解释税收如何影响决策制定、资产定价、均衡收益以及公司财务与经营结构的理论框架，其主要关注各种契约性交易的经济结果，而不是控制这些交易的无数税法细节和例外规定。代表作为 M. S. Scholes, M. A. Wolfson, etc, Taxes and business strategy: a planning approach（2nd edition）, Pearson Education, Inc. Publishing as Financial Times Prentice Hall, 2002.

② 如 Desai M. & Dharmapala D. , Corporate tax avoidance and high – powered incentives, Journal of Finance Economics 79, 2006, 145 – 179.

③ 主要包括：（1）税务报告和财务报告的策略性均衡，如 Shacekelford D. & Shevlin T. , Empirical research in accounting, Journal of Accounting and Economics 31, 2001, 321 – 387；（2）会税差异是否影响税务机关审计决策。如 Mills L. , Book – tax differences and Internal Revenue Service adjustmants, Journal of Accounting Research 36 (2), 1998, 343 – 356；（3）税会是否影响资本成本。如 Crabtree A. & Maher. , The influence of difference in taxable income and book income on the bond credit market, Journal of the American Taxation Association 31（1）, 2009, 75 – 99.

④ 主要包括：（1）利用递延所得税资产估价备抵（Valuation Allowance），如 Behn B. , Eaton T. , & Williams J. , The determinants of the deferred tax allowance account under SFAS No. 109. Accounting Horizons 12, 1998, 63 – 78.（2）利用所得税准备金（Income tax contingency），如 Gupta S. & Laux R. , Do firms use tax cushion reversals to meet earnings targets? http://papers.ssrn.com/sol3/papers.cfm?abstract_id = 1163842, 2008；（3）利用永久再投资的国外盈余。如 Krull L. , Permanently invested foreign earnings, taxes, and earnings management. The Accounting Review 79, 2004, 745 – 767.

回顾。

（1）递延税项的定价作用。递延所得税资产和负债并不是企业真正拥有的资源或承担的债务，对其确认具有较大的主观性。递延所得税的计算规则实施成本巨大（周华、戴德明，2016），在我国实践中“落地困难”（芦笛，2015；周华等，2017），被认为是公共会计师为了自身利益而设计的金融分析规则（周华，2011）。而也有文献通过具体案例分析，认为递延所得税会计信息更符合决策有用性的财务报告目标（戴德明等，2013；颜晓燕、周珊，2016）。

最早 Beaver and Dukes（1972）发现，包含有关递延税项的盈余指标相比于不包含递延税项的盈余指标，与市场回报有更高的相关性，Chaney and Jeter（1994）也有类似的发现。Rayburn（1986）则发现，所得税相关的应计信息相比于现金流量信息，能够提供增量信息含量。在 SFAS No. 109 实施以后，研究则主要集中在用两种模型检验市场是否对递延税项进行定价。

第一，水平模型。该模型以不同的权益指标作为因变量和不同的递延税项指标作为自变量进行设定。Amir，Kirschenheiter 和 Willard（1997）做了该问题可能最全面的分析。文章检验了市场是否根据递延税项的转回情况进行分别定价。通过手工搜集 Fortune 500 的 1992—1994 年的数据，他们用股价对以下 7 个递延税项成分进行了回归：①固定资产折旧和无形资产摊销；②营业亏损、税收抵免和移后扣减额；③重组费用；④环境税；⑤雇员福利；⑥估价备抵；⑦其他。研究发现，这些项目均被定价，尽管市场会根据这些项目转回的可能性和时间进行折现。如市场对重组费用项目定价最高，这与其他项目很快转回有关。

Amir and Sougiannis（1999）则研究了分析师（投资者）如何运用递延所得税资产中的营业亏损和税收抵免的移后扣减额

(Carryforwards) 进行预测 (估值)。研究发现，市场和分析师都认为有税后扣减额的盈余持续性差，但递延所得税资产仍被认为是一项真正的资产。最后，研究指出分析师的预测准确性没有受到递延所得税资产中移后扣减额的影响。

Ayers (1998) 用递延所得税资产、递延所得税负债和估价备抵对权益市场价值进行回归，发现递延所得税负债和估价备抵的系数显著为负，而递延所得税资产的系数显著为正，这说明市场能够依据税负减少了的企业价值区分不同所得税信息进行定价。

Guenther and Sansing (2000) 运用一个分析性框架研究了在出于财务报告和税务报告权衡动机产生的会税差异情况下的企业估值，发现递延所得税资产和递延所得税负债将运用负债和资产的账面价值进行估值，转化为对基于市场价值的税后现金流量的估计。

不像前面用资产负债表的所得税信息，Dhaliwal，Trezevant 和 Wilkins (2000) 检验了市场是否对表外递延所得税负债进行定价。其研究的表外所得税负债来自后进先出法 (LIFO) 的一致性原则，该原则指出，如果企业用 LIFO 计算应税所得，那么其必须用 LIFO 计算会计利润。研究认为，即使企业在财务报表中运用 LIFO，投资者仍会运用先进先出法 (FIFO) 来对存货进行估价 (其假设 FIFO 更为相关)，通过对权益市场价值回归发现，市场对这种表外的递延所得税负债进行了定价。

在我国，邹舢 (2006) 运用 2003—2004 年的样本研究认为，递延税项还不具有很高的信息含量，但这种结论稳健性受样本量较小 (108 家) 的约束。

第二，增量模型。即检验企业所得税率变动对股票价格变动的影响。

如 Givoly 和 Hayn (1992) 运用 1986 年税率从 46% 降低到

34%来检验递延所得税负债的定价，而当时施行的是 APB Opinion No. 11。由于1986年税制改革降低了预期税负，从而应该增加企业价值。如果市场进一步将递延所得税负债认为是“真正”的负债，那么股价的变动应该和递延所得税负债相关。实证结果发现，市场的确将递延所得税负债认为是负债。特别是股票的非正常回报与递延所得税负债大小正相关，这与市场预期递延所得税在税率下调时转回是一致的。同时也发现，递延所得税负债转回的可能性越小，转回期越长，市场的反应就越小。不像 APB Opinion No. 11，在 SFAS No. 109 下，递延税项必须在税法实施的年度进行调整，并相应调整期间会计利润。在1993年，所得税率从34%提高到35%，增加了递延所得税负债/资产，相应减少（增加）了当期会计利润。Chen 和 Schoderbek（2000）检验了是否分析师（投资者）将税率升高因素考虑到其预测（股价）中。研究发现，没有证据表明分析师（投资者）会利用这些信息，即使他们可能已经对当期递延税项的预期调整进行了估计。当然，这种结果可以解释为分析师（投资者）的非有效性，还有可能是税率仅仅变动了1%，从而很难从回报中分离出税率变动的影响。

在有效市场假设下，企业价值等于其未来创造的现金净流量。递延所得税虽然不影响当期的经营现金流量，但有预测未来纳税和未来税收支出的能力，投资者运用其披露的信息估计未来盈余及现金流量。该类研究主要有增量价值相关性研究和文献研究两种方法。第一，增量价值相关性研究将递延所得税加入研究模型中，比较模型的拟合优度 R^2 是否增加。Laux（2013）、盖地和路娜（2014）分别基于不同时期国内外的样本数据，在 Ohlson 模型中加入递延所得税费后，发现模型的解释能力增强。Meara 等（2020）对2007—2019年新西兰119家公司年度数据进行一般多元回归，递延税项同样提高了 R^2。该类研究得到一致的结论是，递延税项提供了未来纳税能力和股票价值的增量信息。Laux 还发现，计入税前收益的收入和费用产生的递延税的预测能力更强。第二，文献研究法。Brouwer 等（2018）对递延所得税的大量文献进行回顾，提出：①为了增加价值相关性，所得税会计的新模型应该区分是否会导致未来纳税现金流的暂时性差异，资产负债表债务法只适用于先出现在财务报表、后出现在纳税申报单中的暂时性差异；②为使递延所得税与预期未来现金流一致，应重新引入部分分配方法。可见，递延所得税对提高财务信息的可靠性和相关性具有一定的贡献。充分披露递延所得税资产和递延所得税负债有利于履行管理层的受托责任，为投资者决策提供更充分的信息。

（2）递延税项与股票回报。国内对递延税费的价值相关性研究多集中于对单个企业递延所得税资产和负债披露情况进行分析，李丽娟等（2011）基于我国 2007 年实施资产负债表债务法确认所得税费用的背景，以净递延所得税负债为研究变量，研究其增量信息及价值相关性，发现净递延所得税负债与股票价值在 1% 水平上显著负相关；并且，使用 Dechow（1994）的 Vuong 检验在加入递延所得税负债后对模型的解释力，结果同样支持了所得税信息提供额外信息含量的假设，该类支持性研究却很少。

从确认原则分析，资产负债表债务法对确认递延所得税资产时更加严格，应以未来期间可能取得的应纳税所得额为限。然而，递延所得税负债的很大一部分并不会导致未来纳税，从而可能出现投资者对递延所得税负债的误定价。Wong（2011）分别研究财务报表附注中未确认和已确认的递延所得税负债（部分递延所得税负债）与股价的关系，采用价格模型回归和回报模型稳健性检验，结果发现部分递延所得税负债的价值相关性，且在1%水平上与股票价格显著负相关，并进一步提出应对递延所得税负债采用部分分配法代替综合分配法。

在递延所得税价值相关的反应时间和企业特征方面，Ayers（2011）发现递延税与企业未来盈利能力和市场收益在1%水平上显著正相关，且主要集中在年报发布后4个月内。作者进一步分别将样本按照投资机会大小、是否面临融资约束及治理能力高低进行分组回归，发现在投资机会更多、面临融资约束、治理水平低的企业中上述相关关系更显著。总之，市场会对递延税项进行定价（包括预期的估价备抵），尽管这与其转回可能性及转回期的长短有关。

（3）所得税费用的信息含量分析。所得税作为国家参与企业收益的方式，支付所得税会减少企业的税后净利润，降低企业价值。前文研究递延所得税资产（负债）与股票价格正（负）相关，即体现了所得税的匹配效应。但作为企业盈利能力的代理变量，所得税费用与企业价值正相关，且所得税费用越能反映企业盈利能力，其价值相关性越强（Thomas and Zhang，2014）。Graham（2012）通过文献回顾，也提出税收中可能含有与企业价值相关的增量信息。

资本市场会计研究就是检验税后利润与股票回报的关系，其基本假设是股票价格反映了税后利润（Kothari，2001）。如Lipe（1986）检验了会计盈余的各种成分，包括所得税费用，发现其相比其他成分为市场提供了增量信息含量。但是所得税费用信息含量的研究，一般有以下几种方法：

第一，检验所得税费用的异常变动。一般通过所得税费用除以税前收益进而检验有效税率的异常变动来进行。如果有效税率降低，在税前收益不变的前提下，就认为是所得税费用的降低，从而认为是一个“好”消息。对于这种主张，Schmidt（2006）

给出了一个解释：有效税率的降低意味着企业从税收筹划或税收优化中得到收益，包括税盾和跨州或跨国之间的税率差异。文章通过考察所得税信息的持续性，着眼于盈余中所得税变动的影响，即有效税率（Efficient Tax Rate，ETR）变动对盈余的影响。研究发现，ETR 变动在第一个财务季度盈余中具有信息含量，与未来盈余正相关，但在随后的几个季度则不具有信息含量。

第二，检验所得税费用的性质。一般认为，所得税费用与一般费用一致，其与股价或股票回报负相关，如 Amir（1997）、Ayers（1998）和 Dhaliwal（2000）等研究认为，在资产负债表债务法下，利润表中的收入（费用）与资产升值（减值）或负债的减值（升值）紧密联系，特别是递延所得税费用，而收入（费用）变动与股价或股票回报正（负）相关。但也有例外情况，Ohlson 和 Penman（1992）在通过将收入和各种费用对股票回报作回归时，发现所得税费用与股票回报显著正相关，但是没有对符号“异常”作出解释。Thomas 和 Zhang（2010）研究发现，不像其他会计费用，所得税费用与股价正相关，说明市场可能将应税所得作为经济利润的一个指标。

第三，研究所得税费用是否被市场充分地定价。但是，已有研究没有直接回答这个问题，因为其一般假设市场是有效的，而现实是市场是无效的。实际上，税收在前期的市场非有效性研究中扮演着特殊的角色，其并不被认为是市场定价的一种异象，而是用来对不同定价的异象进行解释。如 Bernard 和 Thomas（1989）就研究了“好”和“坏”的投资组合中投资者水平税负的差异能否解释盈余的动量差异。George 和 Hwang（2007）也研究认为，长期的股票回报反转很可能是以前研究没有重视个人所得税效应导致的。

第四，在模型设定上，有运用所得税费用的增量模型的。如

Lev 和 Thiagarajan（1993）研究发现，有效税率的变动与当期回报显著正相关，而这种关系被解释为由于普遍存在的大众心理，即“有效税率的非正常降低一般被认为是盈余持续性的一个‘坏’消息”。同时，也有学者认为，水平模型广泛应用，如 Ohlson 和 Penman（1992）。这两种模型的关系在于是否运用上期股价进行平减。

第五，所得税费用的盈利信息观。一般认为费用的意外变动通常是坏消息，关于税收意外支出可能代表了核心盈利能力的变化（Hanlon，2005），是好消息。Thomas 和 Zhang（2011）对此给出的解释是：①较低的税项支出可能是管理层努力少报税项支出、多报税前收入，导致税收费用低、税前收入质量低，使未来账面收入下降；②税项费用的当期和递延部分都提供了有关潜在盈利能力的信息，与账面收入所包含的盈利能力是分开的。运用 1977—2006 年共 120 个季度数据，检验结果也证实了季度的意外税收支出与未来股票回报率正相关。但投资者对此反应不够充分，在随后季度被揭示时，才会对其充分反应，但具有税前收益预测该信息反应滞后性减弱，投资者利用信息的能力加强（Baik et al.，2016）。李青原和叶园（2017）以 2002—2012 年我国 A 股上市公司为样本，验证了所得税费用作为公司盈利能力代理变量观点，并进一步研究得出，该现象在机构投资者持股比例越高时，显著性更强。Kerr（2018）将研究上述拓展到其他 15 个国家，进一步检验了税收意外支出提供的潜在盈利能力信息，并引入税收执行作为调节变量，发现在税收执行度强时，其价值相关性更强。所得税费用由作为配比角色对企业价值的负向相关变为对盈利能力代理变量的正向相关，Thomas 和 Zhang（2014）利用包含税收信息和非税收信息的完全特定回归模型、不包含未来盈利能力的部分特定回归模型进行了解释。在包含未来盈利能力的完全特定模型中，非税信息预测盈利的能力替代了税费，从而税费与市场价值负向相关；而不包含未来盈利能力的非税信息时，所得税作为盈利能力代理变量的因素显现，税费与企业价值正向相关，即随着非税收变量与未来盈利能力之间的关系减弱，盈利能力的替代效应会超过匹配效应，从而系数变为正。目前，关于所得税费用作为盈利代理变量的研究涌现出越来越多的文献，大家普遍认为，缴纳的所得税费用越多，企业价值越高。当前研究忽略的一个重要因素是企业的声誉对其潜在的调节效应，尤其是在中国，企业纳税能力越强，所承担的社会责任越高，投资者通常会对其积极评价和反应，从而推动股票价格的上涨。

第六，所得税费用现值观。根据传统股利折现模型，未预期的信息被纳入收益有两个原因：改变了对未来现金流的预测，或者它改变了对企业风险的预期。配比原则和盈利能力代理变量不同的是，Henry（2014、2018）从企业的风险预期（折现率）角度，分析税收意外支出对企业价值影响的内在路径，并将公司层面的分析扩展到股票市场层面。研究结果表明：在公司层面，一个标准差的税收意外支出增加与 3.36% 的超额回报率（投资者对公司未来现金流的预期增加）和 1.40% 的超额回报率（由于公司的折现率下降）有关；在股票市场层面，总意外税收费用和市场回报的贴现率之间存在显著的正相关关系，较高的总意外税收费用表明宏观经济风险水平较高。Seidman 等（2019）从当期所得税费现金流量对未来现金流量预测的角度，发现加入税费现金流量的模型解释力比当期所得税费用对模型的解释力高出近 8 个百分点，支持了利用所得税费用通过预测未来企业现值的相关性。Robinson（2016）研究发现，估计样本平均 5 年内，FIN48 准则确认的 1 美元负债，只有不到 0.5 美元进行了实际结算，降低了税收费用对未来税收现金流出的预测能力。

第七，所得税费用误定价。税务部门和财务报告均未要求公开详细披露企业的应计税款，又由于所得税计算的复杂性，即使这些信息向市场公开，市场仍有可能无法完全理解其披露的信息，以上因素决定了股票价格不能对影响未来收益的因素——所得税款充分反映，可能对股票误定价。Báez－Díaz（2013）将应计税款划分为可自由支配和不可自由支配成分，利用 Mishkin 检验市场是否对总应计税收和总账面应计成分理性定价。研究发现，市场预期（以股票回报衡量）未能正确反映可归因于收益的应计成分的持续性，对账面应计收益的理解性越好，对应计税金的误定价水平越高。对冲投资组合检验结果显示，与账面应计误定价带来的 4.2% 的异常回报相比，应计税款误定价带来了 25.5% 异常回报，远高于账面误定价所产生的异常回报。应计税收的质量度量成为股票定价的重要考虑因素之一，Choudhary 等（2015）将应计税费质量归因于：①不同企业管理层估计错误程度不同；②对与税收相关的公认会计准则吸收应用不同，并提出未来研究者应该利用应计质量解决所得税账户存在的估计误差问题。

其他相关研究者研究应纳税所得额的平滑性的价值相关性，将其平滑性分解为固有的平稳性和可自由支配性，后者会降低应税收入的价值相关性。

关于所得税费与股票回报正相关，从表面上看，的确是一个令人困惑的问题：企业税收支出越多，企业价值越高？企业缴纳税费越多，未来收益更多？Gao（2018）首先演绎了 Thomas 和 Zhang（2011，2014）的模型，在验证其结论后，提出以上的回归模型之所以与“常理”不符，在于将有“影响力”的变量纳入回归，从而出现“掩蔽效应”，在采用 MM（Belsley et al.，1980）估计方法识别出可能有问题的样本后，回归结果和结论与上述观点截然相反。

综上研究发现，除少量研究如 Ohlson 和 Penman（1992）、Lev 和 Thiagarajan（1993）、Thomas 和 Zhang（2010）研究认为所得税费用与股票回报正相关外，其他研究均认为高的所得税费用是一个“坏”消息，而且主要运用股票回报而非股价作为因变量。由于关于所得税费用对企业价值影响的研究使用的模型、变量不同，产生了不同的观点，对模型的准确性和回归的解释力等实证检验尚有待进一步完善。

（4）所得税费用信息的进一步检验：应税所得的信息含量。尽管信息使用者没法拿到纳税申报单，但是研究者可以运用财务报表中所得税信息进行应税所得的估计。最典型的做法是检验市场是否对所得税费用除以法定税率的信息进行定价。当然，更多的研究剔除了净营业损失的移后扣减（Net operationg loss carry-forwards）额。此类研究主要有两类：

一类是检验当期股票回报与估计的应税所得的关系，即试图证明市场是否对测算的应税所得信息进行估值，但并不对此类信息定价的充分性和有效性进行研究。Hanlon，Laplante 和 Shevlin（2005）首先用三种方法做了这种检验。首先，为检验测算的应税所得的增量信息含量，通过长时间的同期回报与税前收益的变动和测算的应税所得的变动进行回归。结果发现，两个指标均对同期回报有解释力，尽管税前收益变动的系数大些，但测算的应税所得的变动仍然很显著，与预期的应税所得可以提供增量信息含量一致。其次，通过检验两个指标分别对同期回报的信息含量，即比较两种回归的 R^2，研究发现税前会计收益的回归 R^2 较测算的应税所得的回归 R^2 大，说明税前会计收益比测算的应税所得有用性更高。最后，运用投资组合的回报去估计利用预知的收益变动获得的回报，发现税前会计收益变动和测算的应税所得变动分别解释了回报的27.4%和21.1%。

进一步，Ayers，Jiang和Laplante（2009）通过考虑公司间税收筹划和盈余质量的差异，拓展了Hanlon，Laplante and Shevlin（2005）的研究。该研究提出了两个著名假设：第一，进行税收筹划公司的应税所得不能真正代表公司的经济活动；第二，有较高盈余管理公司的测算应税所得有相对较高的信息含量。研究发现，当公司有较高税收筹划和低盈余质量时，测算的应税所得（相比会计收益）有低的信息含量。Raedy（2009）对第一个假设进一步做了敏感性检验，研究结论与Ayers（2009）一致。

Lev和Nissim（2004）也研究了盈余质量是如何受到会税差异大小的影响。文章用测算的应税所得与会计收益的比值（TI/BI）作为盈余质量指标。通过用其对盈余增长进行回归，结果发现，盈余增长与TI/BI显著正相关，说明会税差异是盈余指标的一个指标。进一步检验该指标的信息含量，通过用TI/BI对当期E/P进行回归，发现市场对该信息在SFAS No.109实施后的期间进行定价，而对该准则实施前没有进行定价，文章的解释是“投资者更快和更全面地理解了所得税信息对未来盈余的含义”。

另一类是研究未来回报与测算的应税所得的关系。如果市场在所得税信息发布时能正确地将所有相关信息反映出来，那么所得税信息就不应该和未来的回报有关。但是，如果发现当期应税所得和未来回报在统计上相关，那就说明市场未必全部反映了所有应税所得的信息含量。Lev和Nissim（2004）最早研究测算的应税所得与未来回报关系的文章。研究发现，TI/BI与下一年股票回报显著正相关，说明所得税信息并没有完全反映在当年的股价中。而Weber（2009）在许多方面拓展了Lev和Nissim

(2004) 的研究。首先，文章指出，会税差异与未来盈余的关系仅存在于分析师跟踪的情形下。其次，通过分析师误差对 TI/BI 回归，发现分析师并没有完全利用测算的应税所得的信息，特别是当会税差异很大时，分析师估计产生了乐观性偏误。问题在于，文章假设市场依赖于分析师解释和报告所得税信息有些牵强。

总之，对于测算的应税所得税的有用性，研究结论均表明，从财务报表测算的应税所得相比会计收益有增量信息含量。而对于市场是否对测算的应税所得进行了充分和有效的定价，文献的研究结论还不统一，不能说明这种关系是市场的非有效性、未来期间的风险实现还是其他因素。

2.4　会计—税收差异的信息增量效应

2.4.1　会计—税收差异的信息增量效应

(1) 会计—税收差异与盈余质量。高质量的会计信息是资本市场有效的基础，会计—税收差异逐渐扩大却给企业带来巨大的盈余操纵机会。现在有关文献更多关注会计—税收差异是否会降低会计盈余应计质量。衡量盈余质量模型多用 Jones 模型，谭青和李薇 (2011) 对 2007—2009 年 A 股 2739 个样本进行研究，发现会计—税收差异与盈余管理水平在 1% 水平上显著正相关。Tang (2011) 参考 Frank M. M. (2009) 会计—税收差异分解为正常和异常差异，以中国 1999—2004 年 525 家 B 股上市公司为样本，研究发现异常会计—税收差异是中国市场上盈余管理和税收管理的有用替代指标，盈余管理解释了 7.4% 的异常会计—税收差异，税务管理解释了 27.8% 的会计—税收差异。芦笛（2017）进一步将异常会计—税收差异分为正负，通过 Logit 回归发现，随着负的总税会差异与负的异常税会差异的扩大，企业的盈余管理行为也随之增大。通过以上文献研究发现，会计—税收差异是管理层操纵会计报表的常用手段，同时也降低了会计信息质量。投资者若能正确识别该项盈余管理行为，则会降低对企业误定价的可能性。

（2）会计—税收差异与盈余持续性。Ohlson（2009）讨论了公司估值的各种理论模型，这些模型在不同程度上都依赖于盈余持续性。一般认为，大额、异常会计—税收差异与盈余持续性负相关。如 Blaylock（2012）以美国 1993—2005 年 21043 个样本数据，通过一般多元回归验证了暂时性会计—税收差异提供了关于应计项目规模持续性的增量信息，以保证收益和盈余的持续性；并且发现拥有巨大会计—税收差异的公司更可能向上进行盈余管理，从而呈现出较低的收益和盈余持续性。但投资者能够发现该巨大差异的来源，表现在下期对冲收益系数并不显著。范亚东等（2019）研究 2010—2016 年我国 A 股上市公司 10169 个样本，发现：①盈余持续性与企业价值在 5% 水平上显著相关；②大额正向会计—税收差异与盈余持续性负相关，大额负向会计—税收差异与盈余持续性正相关，小额会计—税收差异与盈余持续性负相关。Tang（2012）在 Blaylock（2012）研究基础上，研究异常会计—税收差异与盈余持续性的关系。样本来自 1998—2005 年中国 B 股上市公司的财务报表税单，发现：①与较小正或负会计—税收差异的公司相比，巨大正或负会计—税收差异的公司盈余持续性更低，且分别适用于正常和异常会计—税收差异的公司，表明监管和盈余管理行为同时导致了持续的低盈余；②异常会计—税收差异的公司的盈余持续性小于正常会计—

税收差异的公司，且其盈余持续性呈递增变化；③大的异常收益增强了盈余—回报的关系。鲜有文献关注永久性会计—税收差异与盈余持续性的关系。Tye Wei Ling 等（2019）研究马来西亚 2008—2015 年 373 家上市公司的数据，发现永久性、暂时性的会计—税收差异与股权价值在 1% 水平上显著负相关，且企业的社会责任在其中起调节作用。

此外，车菲（2012）基于 2007 年所得税改革背景，利用盈余报酬反向回归模型检验发现，正的会计—税收差异与会计稳健性负相关，负的会计—税收差异与会计稳健性正相关，且随着负的会计—税收差异增大，稳健性增强。

通过以上文献研究可以发现，会计—税收差异不仅来源于会计准则和税收法规的差异，也隐含管理层力图通过操纵向市场传递良好信号的动机。而事实是，随着投资者利用信息的能力提高，管理层的操纵行为是部分无效的。从以上文献研究可以发现，总体上通过大额或异常会计税收差异向市场传递负面信号，是管理层进行盈余管理的手段之一。但由于对其计算方法和划分标准不同，得到的结论并不一致，因此，未来研究有望通过规范计量方法和划分标准，提高差异的信息增量效应。

2.4.2　会计—税收差异的定价效应

包含在财务报表中会计—税收差异的不确定性会影响投资者对市场的判断（Comprix，2011），向上盈余管理的会计—税收差异可能蕴含管理层高估企业的利润，向下盈余管理的会计—税收差异可能会低估企业的利润。基于投资者理性和有效市场理论，投资者在对企业进行定价时是否会将这一因素考虑在内，即投资者能否对会计—税收差异进行正确定价成为学者讨论并研究的问题。龙月娥和叶康涛（2013）使用市盈率作为证券估价指标，通过多元回归发现，向上盈余管理的会计—税收差异与证券估值指标在1%水平上显著负相关，向下盈余管理的会计—税收差异与证券估值的结果并不显著，但回归系数为正，表明市场能够对不同盈余管理的会计—税收差异进行定价。谢香兵（2015）以2008—2012年我国A股上市公司为研究样本，基于CAPM模型，通过一般多元回归和Fama和MacBeth（1973）的回归方法，研究会计—税收差异（TIBI）和未来盈余增长和投资者对股票价值预期的关系，发现：（1）会计—税收差异（TIBI）和未来盈余增长幅度显著正相关，而暂时性差异与滞后一期的会计盈余在1%水平上显著负相关，盈余持续性越低，与Blaylock（2012）的研究结果一致。（2）年度超额收益率与会计—税收差异、暂时性差异和永久性差异均在1%水平上显著正相关。验证了会计—税收差异的信息含量，并提出在我国投资者低估了其对公司盈余持续性的信息研究。可见，会计—税收差异不仅影响企业会计盈余，而且向市场传递信息，影响投资者对股票市场的定价，能在一定程度上改变投资者的投资策略。

综上表明，会计—税收差异与其他会计信息一样具有信息含量，对企业会计盈余具有显著影响，市场也能针对不同的信息进行定价。对会计—税收差异计算分解方式的不同，实证研究结果存在巨大差异，未来的研究应该试图解释产生差异的原因，从而提出更加规范的实证研究方法。

2.5 合并报表与母公司报表信息含量的研究回顾

合并报表和母公司报表信息含量的研究，主要集中在采用

“双重披露制”的国家/地区。对于“单一披露制”的国家/地区来说，由于母公司报表数据无法获得，限制了研究的广泛性。

第一，关于合并—母公司报表相对信息含量的研究。Pellens and Linnhoff（1993）对德国公司进行研究，发现合并报表的负债比率和盈利比率分别显著高于和低于母公司报表。Herrmann, Inoue and Thomas（2001）研究发现，在预测合并报表盈余方面，母公司和子公司盈余都有相关性，股价精确地反映母公司盈余持续性，但对子公司盈余反应不足，即股价对合并—母公司盈余差异产生不同反应。结合我国实际，戴德明（2006）采用1996—2004年的样本，实证比较两种报表的有用性，结果表明反映母公司报表财务状况、偿债能力的指标产生相对信息含量。

第二，关于合并—母公司报表增量信息含量的研究。Darrough and Harris（1991）发现日本的合并报表相比母公司报表几乎没有增量信息。由于英国和澳大利亚采用母公司报表并辅以合并报表的模式，Barth and Clinch（1996）发现，美国公众公司按美国会计准则核算，按英国和澳大利亚会计准则相应调整会计盈余，其产生的美—英、美—澳盈余差异对股票回报具有增量信息含量。在我国，陆正飞、张会丽（2009）运用1996—2007年的样本，实证研究新旧准则合并—母公司净利润差异，发现该差异在旧准则下没有价值相关性，在新准则下具有显著的增量信息含量。祝继高（2014）探究母公司经营模式与债权人、股东信息决策的关系，结果表明当母公司是投资性主体时，两种报表的增量信息差异有助于债权人作出决策。何力军（2015）梳理前人的研究成果后，发现当前两种报表差异的比较研究、有用性研究、报告与披露成为研究热点。

学术界对于两种报表价值相关性的高低产生了争议。部分学者认为，合并报表具有更高的价值相关性。Harris（1994）采用德国公司的数据，研究财务报表与股票回报率的关系，结果表明合并报表比母公司报表对股票回报率具有更好的解释作用。Abad（2000）发现，在西班牙马德里证券交易所（Madrid Stock Exchange，MSE）上市的公司，合并报表比母公司报表或不合并报表更具有价值相关性。Dolinar（2002）采用英国上市公司的数据，比较两种报表的价值相关性，得出合并报表更能提高资本市场股票定价的结论。王鹏、陈武朝（2009）运用2001—2007年的样本，研究发现合并报表更具价值相关性。Muller（2011）采用欧洲股票市场上市公司的数据，实证检验两种报表市场价值相关性，结果表明合并报表为投资者提供更多信息。Honrado（2018）比较葡萄牙非金融类上市公司两种报表的价值相关性，研究表明两种报表都影响股票价格，合并报表的价值相关性更高。另一部分学者认为，母公司报表符合债权人的信息需求，因而与股票价格的相关性更高。Walker（1976）在研究合并报表的信息含量时认为，在利润报告上合并报表并不比母公司报表更好。陆正飞（2010）研究发现，合并报表能够向所有报表使用者提供基础信息，母公司报表为债权人决策起到补充作用。Srinivasan（2012）以印度公司为样本，对比检验两种报表后，得出母公司报表与资本市场股票价格具有更高相关性的结论。

总之，实证结果表明合并报表相对母公司报表的价值相关性，与各国两种报表的重要性和分工有直接关系。合并报表的披露模式决定其是否具有增量信息含量。研究结论的争议源于不同的思考问题角度，这有助于该领域开拓新的研究方向。

2.6　对文献的基本评析

以上研究表明：

（1）影响所得税会计方法的基本原因可以归纳为 3 个方面：

第一，税法制度的影响。企业所得税的产生是所得税会计方法产生的根本原因，没有企业所得税，就没有企业所得税会计。而且所得税会计方法是伴随着企业所得税税收法规的发展而发展的。

第二，会计理论和会计制度的影响。所得税会计方法的产生和发展是与会计理论和会计制度的发展密不可分的。

第三，其他环境因素的影响。所得税会计方法的演进受其所处不同法系等环境因素的制约，诸多的因素决定了其对会税差异的处理方法，即所得税会计方法。

（2）会计信息是有价值相关性的，所得税会计信息也是有价值相关性的，包括财务报告中列报的递延所得税负债和资产和所得税费用信息，也包括从财务报告数据中测算的应税所得信息，但其受到测算方法的限制，实证结果并不具有稳健的说服力。通过文献回顾，发现所得税会计价值相关性研究在研究对象、模型方法及研究角度等方面具有以下特点：①税收法规对资产和负债的计税基础与按照会计准则确定的账面价值的不同，使所得税会计更加扑朔迷离。递延所得税资产和负债计量上有一定的主观性，但隐含企业未来纳税的信息，投资者识别其信息含量并对其定价成为研究的热点。对信息的价值相关性研究实际上是一个实证检验的问题，已有研究采用的方法有一般多元回归、CAPM 模型、Ohlson 模型、价格模型、回报模型及三因素或四因素模型，从所得税会计的不同科目研究，并得到其具有价值相关的一致结论。该类问题研究主要是检验加入所得税会计信息后，回归结果的解释力 R^2 是否显著增大、回归系数是否显著异于零来实现验证。②所得税会计的价值相关性主要体现在对同期市场回报、未来市场收益及未来现金流量相关性和可预测性。投资者对所得税会计信息吸收，通过对企业盈利能力和股票进行定价来影响企业价值。同时，从以上文献研究发现，已有文献在理论与经验的衔接、模型应用等方面仍有待继续深入。第一，对所得税会计的价值相关性的经验研究只针对理论研究的某些方面进行。对所得会计价值相关性的研究，分别有对未来的盈利能力的预测、对未来现金流量的预测及所得税费用的意外变动是否蕴含企业风险的信息（折现率），这些因素共同影响企业的估值。但已有的文献在研究过程中，可能忽略所得税会计信息对一些非税收因素的影响，将其纳入回归分析中，可能得到伪命题。因此，以后的研究应将一些所得税会计影响非税收信息加以剔除，增强结论的准确和稳健性。第二，关于所得税费用对股票估值的传导途径仍存在巨大分歧，所得税会计的信息是作为收入的配比角色、盈利能力代理变量还是企业风险信息的提示者，不同研究者从不同角度进行解释，但仍未给出统一的观点，这成为以后的研究者应该予以区别和关注的问题。第三，价值相关性建立在市场有效性和投资者决策有用性的假说之上，但已有研究发现投资者并未能充分吸收所得税会计信息，表现出对信息反应不够充分或反应滞后等现象，这也成为对股票定价的主要因素。有充分的文献表明，市场对财务报表中的税务信息进行了定价，但也有证据表明当期税收与未来市场回报有关。未来研究的挑战是，辨别长期回报是市场低效率引起的，还是当前尚未发现的定价形式引起的。

（3）合并报表的披露模式，会对会计信息的有用性产生影响，但影响程度受制于具体合并报表和母公司报表分工和协作的程度，各国的情况可能不尽相同。但是，以往研究的缺陷主要在于：

第一，研究视角的局限性。很少直接研究各种所得税会计方法的价值相关性，仅有少量文献对资产负债表债务法提供了实证检验，缺乏对所得税会计方法进行一般原理描述，以及对其选择和演进提供直接经验证据，以充分完善所得税会计方法的理论体系。

第二，制度的约束与研究结论的局限性。已有对所得税会计信息的研究文献，主要来自美国资本市场的研究，如前文所述，其基本前提是受合并纳税和单一合并报表制度约束，这与我国分别纳税和合并报表与母公司报表同时提供的制度有根本性的制度差异，已有的研究结论值得借鉴，但不能直接运用，对我国所得税会计信息的有用性值得进一步考察。

第三，研究思路的局限性。已有的所得税会计信息研究，直接运用财务报告中的递延所得税负债、资产和费用的信息，而很少关注所得税信息本身的生成机制，如摊配方法和报表列报等具体会计方法和政策对所得税会计信息和有用性的影响。

第四，国内研究的薄弱。已有的所得税会计信息的创新性研究，主要是国外的研究成果，国内研究主要是所得税会计方法的比较研究，或所得税会计方法选择的动机研究；同时，进行所得税会计信息有用性经验研究的很少，依据的也主要是短期数据，并且很少考察中国财税制度实际变迁的具体环境，在研究手段上也缺乏理论分析和经验研究的综合运用。

本书拟以所得税会计方法和报表列报两因素理论框架拓展所得税会计信息的研究视角，立足我国会计制度和税收法规实际，突破国外所得税会计信息研究的制度约束，提供我国所得税会计信息有用性的直接证据，完善我国所得税会计理论和准则体系。

第3章 所得税会计信息价值相关性的理论分析

本章的理论分析是以财务报告的决策有用性这一目标定位为前提的。Chambers（1955）提出了财务报告的决策有用性或决策模型范式，并认为："这是理性管理假设的一个必然的推断结果，而理性管理假设是指将存在一个提供信息的体系，是因为它既是决策的基础，也是检查决策结果的基础，……从任何这样的体系中所生成的信息都应该预期能有助于决策的种类相关。"①Gonedes 和 Dopuch（1974）认为，会计信息体系的选择是由总市场行为决定的。Beaver、Kennelly 和 Voss（1968）都主张会计信息的决策有用性或决策模型范式。Sterling（1972）进一步强调，"应该选择有用性

① 转引自 Ahmed Riahi - Belkaoui，钱逢胜等译：《会计理论》（第 4 版），p. 279，上海，上海财经大学出版社，2004。

作为一个计量方法的最主要标准，并认为有用性的重要性要远强于客观性和可验证性”。FASB在1978年11月颁布的财务会计概念公告第1号《企业财务报告的目标》（SFAC No.1）中正式确立了决策有用性的会计目标。

所得税会计信息及其质量，是由特殊的前提条件、一定的所得税会计方法和特定的财务报表列报模式共同决定的。

3.1　所得税会计信息形成的前提：会税差异

3.1.1　会税差异及基于价值相关性的重分类

由于会计制度和税收法规的目标不同，著名的克拉尼斯基定律（Caraniski Rule）指出[①]，会计利润与应收所得有必然的差异。根据Nobes（1983，1992）的分类，税收法规与会计制度的模式分为：以宏观经济理论为基础建立的税会统一模式和以微观经济理论建立的税会分离模式。分别以德、法和英、美为代表。在会税同一模式下，会税差异是不存在的。但在分离模式下，会税差异变得很复杂，集中体现在对暂时性差异或时间性差异而产生的递延税项的处理上。我国目前采用的是税会分离的模式。“在我国，要使会计制度得以很好地贯彻，并与国际会计惯例协调，必须遵循会计与税收相分离的原则。”（刘玉廷，2001）

① “如果纳税人的财务会计方法致使收益立即得到确认，而费用永远得不到确认，税务部门可能会因所得税目的允许采用这种会计立法；如果纳税人的财务会计方法使收益永远得不到确认，而费用立即得到确认，税务部门可能会因所得税目的不允许采用这种会计立法。”参见魏长升，陈晓坤，荣延权，“探讨克拉尼斯基定律的必然性——会计利润与应税所得差异的理论分析”，《涉外税务》，2003（5）：8－11。

对于会税差异，在收入费用观的利润表概念下，一般分为永久性差异和时间性差异。永久性差异不能转至其他会计期间，即其影响应税所得，但从不影响会计利润，或反之亦成立，包括诸如国债利息、对外捐赠、罚款等项目。而时间性差异则是指发生于某一会计期间，但在以后一期或若干期内能够转回的差异，典型项目如固定资产折旧和无形资产摊销。国际会计准则，美国、英国和我国的会计准则中都曾对时间性差异的未来纳税影响进行了确认，差别主要在于全部摊配法还是部分摊配法。而在资产负债观的资产负债表概念下，一般分为永久性差异和暂时性差异。永久性差异与前者相同，而暂时性差异是指资产负债的账面价值与其计税基础不同产生的差异。暂时性差异的关键是“计税基础”。当前，国际会计准则、美国和我国会计准则都要求按资产负债表债务法确认暂时性差异。

但是，这种分类都是基于差异是否能够转回的视角，不足以提供会税差异性质的区别，不利于提高所得税会计信息的价值相关性。主要体现在：第一，不符合实质重于形式原则，没有揭示差异产生的原因。尽管 Mills 和 Plesko（2003）曾将递延税项按产生的来源分为：①应计制下的收入和费用的确认；②资产的成本回收制度引起，如折旧等；③公允价值引发的事项，如合并。相比现有准则的分类，这种分类能够清楚会税差异的经济实质，进一步满足信息使用者对信息的相关性要求。但是，这种分类也仅是对会税差异进行简单归总，并没有提供差异的性质区别，以及差异产生合理性的信息。第二，当利润决定的收入费用观转为资产负债观，资产负债表债务法下的摊配概念就值得商榷，再按此标准分类就有些牵强[①]。因此，有必要从提升会计信息价值相

① 本章 3.2.5 有进一步的分析。

关性的角度，重新审视会税差异的分类。

实际上，对于所得税法规和会计制度，尽管对于大多数的交易或事项来讲其处理是一致的，但许多交易或事项仍有很大区别。一般来说，会税差异的产生主要出于所得税法规对经济、社会、政治或管理等原因的考虑。具体体现在：第一，主要出于对企业行为的影响或管理，如通过加速折旧政策促进企业投资；或是降低税收的监管成本，如限制应计的随意使用、减值准备的计提；或是简化税法的实施，如规定固定资产的折旧率。第二，对于一些现金流的特殊管理，如对国债利息进行免税处理；还有对国家鼓励产业的投资抵免、财政扶持、税收返还等的处理。第三，对于典型业务的处理，如企业合并①。此类差异是所得税法规和会计制度本身法条规定形成的差异，可以将其称作“制度性差异”。

但是，不可否认，会计制度和税收法规都有一定程度的灵活性，允许企业对某种核算方法进行自主选择。导致的可能后果是，企业出于财务报告或规避纳税风险动机，进行有意的操纵。尽管财务报告要求相关性和可靠性是最基本的信息质量要求，但若财务会计信息被认为是不足以误导信息使用者的决策有用性的“不重要”信息时，方法选择和估计使用的灵活性就大量存在，为机会主义和盈余管理提供了条件。但在审计中，这则被认为是会计制度赋予会计主体的应有权利。然而，对于税法来讲，出于财政收入的考虑，税务部门对税收监管更为严厉。因此，企业就面临着策略性纳税申报和财务报告的决策，而且是现实存在的（Mills and Sansing，2000）。由于税法相比会计制度有较少的应

---

①　如我国《财政部 国家税务总局关于企业重组业务企业所得税处理若干问题的通知》（财税〔2009〕59 号）。

计，收付实现制是其主要的核算基础。实际上，管理层操纵会计利润比操纵应税所得更容易一些。如企业操纵会计利润而不对应税所得产生影响，即通过一系列能够产生永久性差异的交易或事项，或者通过应计或实际交易同方向影响会计利润和应税所得。同时，企业在避免利润下滑、亏损或没有达到分析师预期时，通常会管理会计盈余而非应税所得，使递延所得税总是存在。因此，会税差异所形成的递延所得税也应该成为评价企业是否进行盈余管理的一个重要指标。当然，也存在企业积极主动的税收筹划，即纳税人或扣缴义务人在既定的税制框架内，通过对纳税主体（法人或自然人）的战略模式、经营活动、投资行为等理财涉税事项进行事先规划和安排，以达到节税、递延纳税或降低纳税风险为目标的一系列谋划活动（蔡春，2001）①。简言之，不论出于何种动机，总可以把由于管理当局对纳税申报和财务报告策略性均衡以及企业税收筹划而人为动机性因素形成的会税差异，称为“动机性差异”。

显然，将会税差异分为制度性差异和动机性差异的主要优点，在于有力地审视了企业的盈余管理行为，有效地测度了企业的盈余质量，能够提升主流基于盈余信息估值模型的预测精度，提高所得税会计信息的价值相关性。

3.1.2 制度性差异和动机性差异的一个初步解

（1）如何从财务报告中测算应税所得。对于会税差异的计算，税前会计利润和应税所得是两个基本参数。但问题是，企业

① 税收筹划概念自20世纪90年代中叶由西方引入我国，译自Tax－planning一词，也译作税务筹划、纳税筹划、税务计划等。税收筹划是一门涉及多门学科知识的新兴现代边缘学科，许多问题尚不成熟，因而国际上对其概念的描述也不尽一致。

的纳税申报表是不公开的，信息使用者无法得到企业应税所得的真实数据。因此，信息使用者如何从财务报表中有关所得税信息的披露中测算实际的应税所得就成为一个次优选择。但应该承认，这种做法有天然的局限性。正如 Plesko（2006）指出："财务报表没有充分披露足以精确估计企业应收所得的信息，如当期的所得税费用。"更何况，期权会计、税收优惠、跨期摊配和企业合并，以及期内摊配的限制（如 CAS）等都增加了估计的难度。

但 Hanlon（2003）也指出，尽管利用财务报表数据推算应税所得存在一定的困难，但在大部分情况下，仍可获得客观和准确的估算数。尽管无法取得公开的纳税申报表，但在技术方法上，可以根据所得税纳税申报表中纳税调整项的内容，如免税所得、弥补以前年度亏损、税率变动影响、研发加计扣除及其他调整项，直接运用应税所得和会计利润之间的调整关系，结合实际税率，测算实际应税所得。对于企业集团披露的合并报表[①]，由于要对母子公司的长期投资、债权债务以及内部销售等进行抵销处理，同时可能存在子公司国外所得税抵扣以及适用不同税率的情况，因此，也要调整此类因素的影响。这样，通过财务报表的信息，就可以测算出企业实际应税所得。

（2）制度性差异和动机性差异的一个初步解。

①利润表测算法。根据叶康涛（2006）测算正常非应税项目损益和操纵性非应税项目损益方法，在计算出会税差异后，可以利用回归模型的方法分离出制度性差异和动机性差异。一般模

① 在我国 2009 年以前，除少数企业可以合并纳税外，绝大多数母子公司都分别缴纳所得税。原因是 2008 年我国新企业所得税法实施后，从 2009 年起取消了从 1992 年分税制开始时实施的汇总纳税政策。

型为：

会税差异 = F（人均营业收入、财务费用、营业收入、固定资产、应收账款、存货、短期投资、长期投资、无形资产、投资收益等）

该模型是根据纳税申报表的会计利润与应税所得的调整项设定的，由于充分考虑了所得税法规和会计制度规定的差异，因此，具有可靠的理论和实务基础。如果在所得税法规和会计制度没有频繁发生变动的情况下，该模型稳定的拟合值就可以被认作制度性差异，即会计制度与所得税法规的法律条款差异。动机性差异，主要包括盈余管理和税收筹划，为总会税差异与制度性差异的差额。

值得注意的是，在运用该方法时，个别报表和合并报表的情况要差别对待。对于合并报表，相关数据均要进行准确的调整。

②资产负债表测算法。资产负债表测算法就是针对当前主流的资产负债表债务法的应用，利用递延所得税负债和资产项目来得出动机性差异和制度性差异。当然，资产负债表法测算的这两种差异和利润表测算的两种差异至少有一种是企业适用税率的差异。为区别起见，将资产负债表测算法下的差异称为“资产负债表动机性差异”和“资产负债表制度性差异”。

盈余管理一般是管理层通过对会计方法选择或营业现金流进行操纵。而“有效税收的盈余管理”被认为是管理层调高会计利润，而不用承担额外所得税成本的策略。在资产负债表债务法下，这种操纵会产生会税差异，呈现出该期企业“净递延所得税负债”（即递延所得税负债减去递延所得税资产）和递延所得税费用的增加。Philips、Pincus 等（2003）就认为，可以通过净递延所得税负债的变动来考察管理层的盈余管理行为。因此，可以运用企业年度净递延所得税负债的变动来发现企业的盈余管理行为，从而分离出动机性差异。因为当前所得税准则都要求在附注中披露递延所得税负债和资产形成的各项目的影响数，如固定资产折旧与无形资产摊销、公允价值的变动、资产减值、亏损弥补、递延所得税资产的减值等信息，而不要求披露递延所得税费用的明细项目。这些递延所得税负债/资产的披露，为从技术角度得到动机性差异提供了条件。

在将净递延所得负债，而非会计利润与应税所得的差异作为会税差异的代理变量后，一般模型可以设定为：

净递延所得税负债的变动 = F（折旧与摊销相继两年的变动额、公允价值变动相继两年的变动额、资产减值相继两年的变动额、亏损弥补相继两年的变动额、其他因素相继两年的变动额）

该模型是根据对所得税准则中资产负债表债务法信息披露的基本要求设定的，因此，具有可靠的理论和实务基础。在所得税制和会计制度没有发生频繁变动的情况下，该模型稳定的拟合值就可以认作资产负债表动机性差异。显然，净递延所得税负债变动减去动机性差异就是制度性差异。同样值得注意的是个别报表和合并报表的差异情况。

3.1.3　一个设想：会税差异信息的消失——基于收益计量属性的会税协作的可能解

在本质上，会税制度都是企业收益分享的机制设计①。而分享机制的有效性很大程度上依赖于对企业收益的精确核算。当前，由于会税制度目标的差异决定了会税收益核算规则的差异，产生

① 会计制度的性质，是民商经济法制度、财税制度与会计技术融合生成的企业收益分享规则，其功能是提供稳定合理的企业收益分享预期（周华、戴德明，2006）。企业所得税法的性质则是国家在兼顾效率与公平原则的基础上，强制性、无偿性、固定性地参与企业利益分享的法律制度设计。

了应税收益和会计收益的不同，形成会税差异。但是，公司所得税实质是一种经济利润税，即对企业经济利润课征的一种税（Stiglitz，1998；周绍朋，2005）[①]。因此，在保障诸如预期的经济增长和企业成长等的基础上[②]，合理的企业当期应税收益应该等于其经济利润。同时，会计上也一直都将经济收益的概念作为会计收益研究的起点和会计收益计量的评价标准（Edwards and Bell，1961；Alexander，Sidney，1962；Beaver，1998）[③]。显然，对经济利润的准确核算，有利于在实现所得税目标时坚持“公平原则”[④]，也有利于实现会计的利益相关方决策有用性目标。因此，经济利润（收益）应该成为应税收益和会计收益核算的基准[⑤]。

公允价值的计量是以经济收益为目标的[⑥]。“如果公允价值得以全面应用，则财务会计将有可能反映企业的价值（或其近似值）”（葛家澍，2007）。公允价值的本质公允市场价值最早在17世纪法德会计管制中展露雏形，而正式的运用则以征税基础出现在美国《1918年收入法案》。可见，公允价值对所得税法和会计制度有天然的吸引力。那么，公允价值为什么在当前会计中

① 周绍朋，《税收经济学》，公司所得税的经济利润观，p. 87，北京：国家行政学院出版社，2005。

② 对于税收规模与经济增长、企业成长等问题，财政学有大量的研究，这是合理税制设计的基本条件，如著名的拉弗曲线。

③ Ahmed Riahi - Belkaoui 著，钱逢胜等译，《会计理论》（第4版），pp. 396 - 297，上海，上海财经大学出版社，2004。

④ 由于我国的《税收基本法》还尚在拟议阶段，对于税收的目标还没有规范的形式予以明确。

⑤ 经济利润是指企业所有者得到的超过生产中使用要素的机会成本的收益，即“超额利润”；而经济收益则一般认为是净资产现值变化的结果（Solemons，1961）。可见，两者在本质上都描述的是所有者净财富的增加。

⑥ 尽管 Beaver 和 Demski（1979）认为，当市场不完全时，经济收益无法被精确地阐释。

被接受并大力推广，而在所得税法中仍“默默无闻”呢?① 如果可以说经济利润是应税收益和会计收益核算的目标，那么公允价值计量是否有可能为税会制度的协调提供一条道路? Philips（1963）提出单一收益的概念——增量收益，认为增值收益的计量表现为以市场价值为基础的经济能力的增加，其适合所有的目标，包括纳税目的。而 Hanlon 和 Shevlin（2005）就提出用一种计量方法将应纳税收益和会计收益统一。同时，所得税法没有独立的经济利润核算系统，要依赖于资产保值和增值核算的财务会计系统。因此，基于公允价值在核算经济利润的优势以及目前世界范围内在财务会计系统中的推行和实践，在充分保障两者各自目标的前提下②，为会计制度与所得税法规的协作找到可能的实现路径。应该不可否认，会税目标是保障经济和企业可持续发展前提下的差异，是统一于经济发展和企业发展这个社会发展总目标的。因此，可以说，公允价值计量为会税协作提供了可能解。

3.2　所得税会计信息含量影响因素一：递延所得税摊配方法

3.2.1　所得税信息的理论基础：收益决定的观点与所得税性质

收益决定的收入费用观与资产负债观。CAS 18《所得税》

① 尽管我国《中华人民共和国企业所得税法实施条例》（2007 国务院令第 512 号）中规定，对企业以非货币形式取得的收入、关联方交易等小部分内容引入了公允价值计量。

② 最终判断公允价值能否为税会制度协调提供契机，还要看是否其有利于实现两种制度的目标，或者说在有利于实现会计制度目标的前提下，是否有利于或至少不妨碍所得税法目标的实现。

最突出地体现了资产负债表观。两种收益决定观的主要特征，见表3－1。

表3－1　　　　两种收益决定观的比较

	收入费用观	资产负债观
会计对象	交易和事项	资产和负债
主要计量属性	历史成本	公允价值
收益决定	收入与费用配比	期初与期末净资产变动
是否确认利得和损失	否	是
核心报表	利润表	资产负债表

所得税性质的“收益分配观”与“费用观”。两种观点的理论基础分别是所有者权益计量的“主体理论”和“业主权理论”。收益分配观认为，公司所得税具有分配企业收益的性质，但分配对象是国家，而非股东和债权人等企业的直接权益。美国AIA在1920年第1号公告中指出：“政府享有一部分利润是很显然的理论，即向纳税人要求与政府分享利润。因此，这种税收不是一般的费用，这种决定利润的项目，其扣除的额度是企业管理者愿意分享的部分。”[①] 美国会计学会（AAA）1957年发表的《公司财务报表和以前报表及其附录的会计与陈报准则》规定：利息费用、所得税和实际利润的分配都不是企业净收益的决定因素。费用观则认为，公司所得税是企业为获取收益而发生的一种类似企业经营支出的费用。APB Options No.6（1959）、APB Options No.11（1967）、SFAS No.96（1987）、SFAS No.109（1992）、IAS 12（1979，2000）和我国的ASBE（2001）、CAS 18（2006）

① 参见Winborne, Marilynn G. and Dee L. Kleespie. Tax Allocation in Perspective. The Accounting Review, October, pp.737－738, 1966.

等规范都要求确认所得税为一种费用。

3.2.2　摊配的基本原理

所得税作为一种费用，就要与当期导致纳税义务的税前会计收益相配比，而不管税款支付的时间性，以满足配比原则的时间一致性和因果性要求。

对于会税差异，会计上按性质分为永久性差异和暂时性差异。对于前者，会计制度采用了税收法规导向，把其带来的纳税影响作为所得税费用直接计入当期损益。而对于后者带来的纳税影响，就成为所得税跨期摊配的核心内容。所得税的跨期摊配有众多观点，从极端的不摊配到全面摊配，处于两者间则为部分摊配的观点。每种观点的差异都决定了不同的递延所得税账户和递延所得税方法。对于主流会计准则采用的资产负债表债务法，从对递延所得税在资产负债表的分类和列报可知，所得税费用的跨期摊配可能是不重要的。那么，递延所得税的变动，是来自于会计的应计还是预期税率的变动，也是值得考虑的。

同时，在我国会计制度中，所得税会计中较少涉及期内摊配方式，这可能和会计列报的理念有关，但不否认其重要性。

3.2.3　所得税摊配的历史渊源

所得税会计的核心问题是：是否允许对递延所得税的跨期摊配，如果允许，又摊配多少？

（1）美国所得税摊配观的演进详见表 2 - 2，不再赘述。

（2）英国所得税摊配观的轮回。1974 年和 1975 年，ASC 相继发布的 SSAP NO. 8《在公司报表中按估算制征税的会计处理》和 SSAP NO. 11《递延税款会计》均要求采用全面摊配法。1978 年，ASC 在修订后的《递延税款会计》（SSAP No. 15）中要求公司转为采用部分摊配法。但 1995 年，改组后的 ASB[①] 在正式决定修改 SSAP No. 15 而发布的《税务会计》(Accounting for Tax) 的讨论稿中，重新提出应采用全面摊配法。直到 2000 年 12 月，正式发布的 FRS16《本期税款》和 FRS19《递延税款》分别取代 SSAP No. 8 和 SSAP No. 15，全面摊配法正式替代了部分摊配法。

(3) IAS 所得税摊配观的选择。1978 年，IASC 发布第 13 号征求意见稿《所得税会计》(ED13)。而在 1979 年颁布的 IAS 12《所得税会计》中，规定企业所得税会计方法可选择递延法或债务法，而对所得税费用的摊配可采用部分分摊法或全面分摊法。此后，1989 年和 1993 年 IASC 为修订 IAS12 发布了两次修订的征求意见稿。后者规定只准使用债务法，并且倾向全面摊配法，但没有放弃部分摊配法。而 1994 年 11 月发布的 IAS 12 中倾向于部分摊配法，直到 1996 年正式发布修订后的 IAS 12 中确立了资产负债表债务法，在摊配观上更倾向于全面摊配法。

(4) 在我国所得税摊配观的引进。改革开放之初到 1993 年，这个阶段会计上没有确认所得税费用，不存在确切的所得税会计处理方法。所得税都是作为企业的一种利润分配方式。直到 1994 年 6 月 29 日，财政部发布《企业所得税会计处理的暂行规定》(以下简称《规定》)。其要求明确规定所得税为一种费用，所得税会计方法选择应付税款法和纳税影响会计法（可以选择递延法和收益表债务法），做法与 IAS 12（1979）基本一致，在

---

① 1987 年，英国会计团体咨询委员会（The Consultative Committee of Accounting Bodies，CCAB）针对业界对 ASC 的批评，成立了一个 The Dearing Committee 的专门机构，对英国会计准则的制定机构设置和制定程序进行评价。1988 年 11 月，该委员会发布了《会计准则的制定》研究报告。该报告的建议被全面采纳，1990 年英国成立了一个半官方、半独立的会计准则委员会（ASB），取代先前的 ASC。

递延所得税的摊配上，也倾向于部分摊配法。1995 年 7 月财政部发布的《企业会计准则第 10 号—所得税会计》(征求意见稿)，建议取消应付税款法，采用纳税影响会计法，但未颁布正式准则。而 2000 年底财政部颁布的《企业会计制度》中第 107 条对所得税的处理基本沿用了《规定》的做法。2006 年 CAS 18 规定所得税的会计处理只能采用资产负债表债务法，基本实现了与 IAS 12（2000）的趋同。

3.2.4　资产负债表债务法下递延所得税摊配问题分析

收益决定的收入费用观转向资产负债观，应付税款法演进到资产负债表债务法，递延所得税负债和资产是真正的递延所得税跨期摊配吗？审视所得税跨期摊配的初衷：第一，递延所得税的跨期摊配是由“持续经营”和“会计分期”两大会计假设决定的。递延所得税存在“跨期实现”和当期报告之间的矛盾，体现在关键的暂时性差异的种类、会计期间和回转期不尽一致。而持续经营的假设，可以使暂时性差异形成的所得税费用在将来总会得以实现或清偿。所以，对所得税进行跨期分配，确认递延所得税就有实际意义。第二，权责发生制的核算基础。如果承认所得税是费用，那么就要满足收益决定的收入费用观。即暂时性差异应按权责发生制计入递延所得税科目，从而产生在不存在永久性差异和特殊的、复杂的情况下，本期的所得税费用恒等于“会计利润 × 适用的税率”，完美地贯彻了配比原则。

再审视所得税跨期摊配的演变历程，其大致呈现出了一条“应付税款法—递延法—负债法”的路径。路径的形成主要依赖于两点：(1) 世界范围内企业所得税法规变动的影响。从世界范围内来看，从 20 世纪 80 年代至今，降低税率是税法变动的一个主要特征[①]。而这与递延所得税的确认密切相关。(2) 会计目标“决策有用观”的准则制定导向，使会计信息相关性相比可靠性更为突出，也使准则制定机构的观点和偏好由强调利润表转向强调资产负债表。尤其是国际上主要会计准则制定的权威机构和组织在1990年后对公允价值计量属性的大力推行，加剧了这种倾向[②]。

那么，在各国会计准则制定机构和IASB所倡导的资产负债表债务法，即一种“全面摊配观下的负债法”的前提下，递延所得税的跨期摊配还有没有本身含义？答案可能是否定的。主要原因在于：第一，资产负债表债务法遵循收益决定的资产负债观，而非收入费用观，在资产负债表中是主表，确认递延所得税资产和负债是首要的，利润表是次表，确认所得税费用是次要的。因此，坚持秉承所得税是一项费用的性质观点，理论和准则差距很大。第二，资产负债表债务法下“摊配”的概念名不副实。遵循资产

① Mihir A. Desai, Alexander Dyck and Luigi Zingales. Theft and Taxes, p. 612, Journal of Financial Economics 84 (2007) pp. 591 - 623.

② 在会计界，以美国为代表，从1970年左右起颁布了一系列旨在推动公允价值会计的公告和准则。1969年3月，APB发布的第14号意见书《可转换债券和随同认股证发行的债券的会计处理》最早使用了公允价值的概念。此后，APB相继发布了有关证券投资（APB Opinion No. 18, 1971）、应收应付账款（APB Opinion No. 21, 1971）和非货币性交易涉及资产（APB Opinion No. 29, 1973）等针对资产公允价值计量的意见书。1973年FASB设立后，极大地推动了公允价值的研究，虽然也受到一些阻力，但有关公允价值的准则制定没有受到影响，颁布了一系列公允价值应用的会计准则，应用范围进一步扩大，扩展至长期资产、特定资产和负债。特别是FASB发表的SFAC No. 5《企业财务报表中的确认和计量》(1984. 12)、SFAS No. 121《长期资产的减值、处置的会计处理》(1995. 3)、SFAC No. 7《在会计计量中使用现金流量信息和现值》(2000. 2)、SFAS No. 157《公允价值计量》(2006. 9) 等标志性的准则，在公允价值的初次确认、再确认、计量和披露等方面形成了较为完整的框架。同时，在IASC/IASB对国际会计准则世界范围推广的努力，以及“诺沃克协议”的形成，对推动公允价值会计的改革和发展有重要作用，对国际财务会计理论和实务界产生了深远影响，也奠定了公允价值会计模式的形成。

负债观，实际是对收入费用观、配比原则和利润表为中心的放弃，在资产负债表中不应该存在"摊配"的概念，尽管这种摊配最终由利润表中的所得税费用来列报。但这种形式上的"摊配"与权责发生制和配比原则相去甚远。第三，资产负债观违背了持续经营假设，使资产负债表法的摊配前提不存在。资产负债观是以公允价值计量为基本的计量属性，而公允价值是以清算为前提的脱手价格[①]。SEC 在 2008 年 10 月 29 日召开的公允价值圆桌会议上，委员们也承认《财务会计准则公告第 157 号》中退出价格的概念与报告主体可持续经营的概念相抵触。第四，资产负债表债务法下递延所得税的核算，强调对所得税法变动尤其是税率变动预期，加剧了外部性因素对报告主体的影响力度。因此，资产负债表债务法中公允价值观的运用没有提高递延所得税摊配的质量，但不可否认其满足了整个会计信息的决策有用性要求。

3.3　所得税会计方法

3.3.1　所得税会计方法的一般描述

会计就是一个计量过程（葛家澍、刘峰，2002），会计计量

① SFAS No. 157（2006. 9. 15）对公允价值的定义为："在计量日市场参与者的交易中，因某项资产将收到的价格或转让某项负债将支付的价格。"该定义明确使用"退出价格"（Exit price）确定公允价值。并认为，强调公允价值是"退出价格"的概念十分重要，因为将公允价值作为计量资产或负债最具相关性的计量属性，目的是提供有关资产或负债未来经济利益流入或流出客观的、以市场为基础的预期，退出价格能够最好地满足这个目标。IASB 公允价值的定义虽然只是很中性地指出"资产交换或负债清偿"的金额，没有明确公允价值反映的是"退出价格"还是进入价格。但《IAS39：金融工具：确认与计量》指南中，其要求是与退出价值的内涵一致的。

是会计系统的核心职能（Ijiri，1979）。从所得税摊配方法的发展历史可以清晰地看出，随着以财务报告目标为导向的所得税计量观的演变，逐步形成了相继递进的所得税会计方法①。不同的所得税会计方法，会对财务报表中的资产和净利润数据产生不同的影响，从而产生不同的经济后果。以下拟采用列表形式对应付税款法、递延法、利润表债务法和资产负债表债务法的基本原理进行一般化描述，详见表 3－2。

为方便说明，特设定以下所得税会计的假设：

①计税期间假设：整个计税期间 $T(T>2)$，其中时间性差异的发生期为 T_1 至 T_N，转回期为 T_{N+1} 至 T_{2N}，均为整数期；

②会税差异的性质假设：每期只存在等值的时间性差异 D，即不存在永久性差异和其他形式的暂时性差异；

③税率变动假设：时间性差异的发生期不发生税率变动，但转回期发生税率变动；发生期税率为 TR_c，转回期税率为 TR_f，并根据当前世界税率降低的趋势，假设 $TR_f < TR_c$；

④其他：会计利润在 T 期不发生变化，为定额 Earn，同时时间性差异 D 在转回期依次被等值转回。

为方便描述，记 A 为当年所得税费用，B 为当年递延所得税费用（或递延税项）。

---

① 实质上，1954 年美国税法允许采用加速折旧法，才掀起了真正关于税务会计的研究。“The Revenue Act of 1954 compounded the problem by allowing the use of accelerated depreciation methods for tax purpose. The difference between book and tax income could be quite material if alternative methods of depreciation were elected fro reporting on the financial statements as opposed to the depreciaton methods used and reported on the tax return. This issue of whether or not to allocate this difference, and how this difference should be allocated, became a matter which meeded resolution.” 见 Merys, Joan K. and Collins, Mary K. 2008. An history perspective of accounting for income taxes from 1920 through 1984. p. 162. ASBBS E－Journal, Vol. 4, No. 1, pp. 161－168.

表 3－2　　　　所得税会计方法的一般描述

		应付税款法	递延法	利润表债务法	资产负债表债务法
发生期各年 $(1\leq T_i\leq T_N)$	A	$(Earn-D)\times TR_c$	$Earn\times TR_c$	$Earn\times TR_c$	$(Earn-D)\times TR_c+D\times TR_c$
	B	—	$D\times TR_c$	$D\times TR_c$	$D\times TR_c$
税率变动期 (T_{N+1})	A	$(Earn+D)\times TR_f$	$Earn\times TR_f$	$Earn\times TR_f$	$(Earn+D)\times TR_f-D\times TR_f-N\times D\times(TR_c-TR_f)$
	B	—	$-D\times TR_c$	$-D\times TR_f-N\times D\times(TR_c-TR_f)$	$-D\times TR_f-N\times D\times(TR_c-TR_f)$
转回期各年 $(T_{N+1}\leq T_j\leq T_{2N})$	A	$(Earn+D)\times TR_f$	$Earn\times TR_f$	$Earn\times TR_f$	$(Earn+D)\times TR_f-D\times TR_f$
	B	—	$-D\times TR_c$	$-D\times TR_f$	$-D\times TR_f$
理论基础		收入费用观	收入费用观	收入费用观	资产负债观

进一步，对各种所得税方法下所得税费用和递延所得税费用在计税期内均值和方差进行了计算，为分析其对利润表和资产负债表的影响。

（1）一般情况：计税期内税率发生变动。

①应付税款法。

所得税费用的期望为：

$$E(A)=\sum_{i=1}^{2N}A\times\frac{1}{2N}=\frac{1}{2N}[N(Earn-D)\times TR_c+N(Earn+D)\times TR_f]=\frac{1}{2}[Earn\times(TR_c+TR_f)-D\times(TR_c-TR_f)]$$

所得税费用的方差为：

$$\delta^2(A) = \sum_{i=1}^{2N} [A_i - E(A)]^2 \times \frac{1}{2N} = \frac{1}{2N}\left\{\left[(Earn - D) \times TR_c - \frac{1}{2}Earn \times (TR_c + TR_f) + \frac{1}{2}D \times (TR_c - TR_f)\right]^2 \times N + [(Earn + D) \times TR_f - \frac{1}{2}Earn \times (TR_c + TR_f) + \frac{1}{2}D \times (TR_c - TR_f)]^2 + [(Earn + D) \times TR_f - \frac{1}{2}Earn \times (TR_c + TR_f) + \frac{1}{2}D \times (TR_c - TR_f)]^2 \times (N-1)\right\} = \frac{1}{2}\left\{\left[\frac{1}{2}Earn \times (TR_c - TR_f) - \frac{1}{2}D \times (TR_c + TR_f)\right]^2 + \left[\frac{1}{2}Earn \times (TR_f - TR_c) + \frac{1}{2}D \times (TR_c + TR_f)\right]^2\right\} = \frac{1}{4}[Earn^2 \times (TR_c - TR_f)^2 + D^2(TR_c + TR_f)^2]$$

②递延法。

所得税费用的期望为：

$$E(A) = \sum_{i=1}^{2N} A \times \frac{1}{2N} = \frac{1}{2N}[Earn \times TR_c \times N + Earn \times TR_f \times N] = \frac{1}{2}Earn \times (TR_c + TR_f)$$

所得税费用的方差为：

$$\delta^2(A) = \sum_{i=1}^{2N} [A_i - E(A)]^2 \times \frac{1}{2N} = \frac{1}{2N}\left\{\left[Earn \times TR_c - \frac{1}{2}Earn \times (TR_c + TR_f)\right]^2 \times N + \left[Earn \times TR_f - \frac{1}{2}Earn \times (TR_c + TR_f)\right]^2 \times N\right\} = \frac{1}{2}\left\{\left[\frac{1}{2}Earn \times (TR_c - TR_f)\right]^2 + \left[\frac{1}{2}Earn \times (TR_c - TR_f)\right]^2\right\} = \frac{1}{4}Earn^2 \times (TR_c - TR_f)^2$$

递延所得税费用的期望：

$$E(B) = \sum_{i=1}^{2N} B \times \frac{1}{2N} = \frac{1}{2N}[D \times TR_c \times N - D \times TR_c - D \times TR_c \times (N-1)] = 0$$

递延所得税费用的方差：

$$\delta^2(B) = \sum_{i=1}^{2N} [A_i - E(A)]^2 \times \frac{1}{2N} = \frac{1}{2N}[(D \times TR_c)^2 \times N + (-D \times TR_c)^2 \times N] = D^2 TR_c^2$$

③利润表债务法。

所得税费用的期望为：

$$E(A) = \sum_{i=1}^{2N} A \times \frac{1}{2N} = \frac{1}{2N}[Earn \times TR_c \times N + Earn \times TR_f \times N] = \frac{1}{2} Earn \times (TR_c + TR_f)$$

所得税费用的方差为：

$$\delta^2(A) = \sum_{i=1}^{2N} [A_i - E(A)]^2 \times \frac{1}{2N} = \frac{1}{2N}\left\{\left[Earn \times TR_c - \frac{1}{2}Earn \times (TR_c + TR_f)\right]^2 \times N + \left[Earn \times TR_f - \frac{1}{2}Earn \times (TR_c + TR_f)\right]^2 \times N\right\} = \frac{1}{2}\left\{\left[\frac{1}{2}Earn \times (TR_c - TR_f)\right]^2 + \left[\frac{1}{2}Earn \times (TR_c - TR_f)\right]^2\right\} = \frac{1}{4}Earn^2 \times (TR_c - TR_f)^2$$

递延所得税费用的期望：

$$E(B) = \sum_{i=1}^{2N} B \times \frac{1}{2N} = \frac{1}{2N}[D \times TR_c \times N - D \times TR_f - N \times D \times (TR_c - TR_f) - D \times TR_f \times (N-1)] = \frac{1}{2N}[D \times N \times (TR_c - TR_f) - D \times N \times (TR_c - TR_f)] = 0$$

递延所得税费用的方差：

$\delta^2(B) = \sum_{i=1}^{2N} [A_i - E(A)]^2 \times \frac{1}{2N} = \frac{1}{2N}\{(D \times TR_c)^2 \times N + [D \times TR_f + N \times D \times (TR_c - TR_f)]^2 + (D \times TR_f)^2 \times (N-1)\} = \frac{1}{2}D^2 \times (TR_c^2 + TR_f^2) + [N \times D^2 \times (TR_c - TR_f) \times (2TR_f + N)]$

④资产负债表债务法。

所得税费用的期望：

$E(A) = \sum_{i=1}^{2N} A \times \frac{1}{2N} = \frac{1}{2N} \times [Earn \times TR_c \times N + Earn \times TR_f - N \times D \times (TR_c - TR_f) + Earn \times TR_f \times (N-1)] = \frac{1}{2}[Earn \times (TR_c + TR_f) - D \times (TR_c - TR_f)]$

所得税费用的方差：

$\delta^2(A) = \sum_{i=1}^{2N} [A_i - E(A)]^2 \times \frac{1}{2N} = \frac{1}{2N}\left\{\left[\frac{1}{2}(Earn + D) \times (TR_c - TR_f)\right]^2 \times N + \left[\frac{1}{2}(Earn + D) - N \times D\right]^2 \times (TR_x - TR_f)^2 + \left[\frac{1}{2}(Earn - D) \times (TR_c - TR_f)\right]^2 \times (N-1)\right\} = \frac{1}{2N}(TR_c - TR_f)^2\left\{\frac{1}{4}(Earn + D)^2 \times N + \left[\frac{1}{2}(Earn + D) - N \times D\right]^2 + \frac{1}{4}(Earn - D)^2 \times (N-1)\right\}$

递延所得税费用的期望：

$E(B) = \sum_{i=1}^{2N} B \times \frac{1}{2N} = \frac{1}{2N}[D \times TR_c \times N - D \times TR_f - N \times D \times (TR_c - TR_f) - D \times TR_f \times (N-1)] = \frac{1}{2N}[D \times N \times (TR_c - TR_f) - D \times N \times (TR_c - TR_f)] = 0$

递延所得税费用的方差：

$$\delta^2(B) = \sum_{i=1}^{2N}[A_i - E(A)]^2 \times \frac{1}{2N} = \frac{1}{2N}\{(D \times TR_c)^2 \times N + [D \times TR_f + N \times D \times (TR_c - TR_f)]^2 + (D \times TR_f)^2 \times (N - 1)\} = \frac{1}{2}D^2 \times (TR_c^2 + TR_f^2) + [N \times D^2 \times (TR_c - TR_f) \times (2TR_f + N)]$$

从上可知：①应付税款法下所得税费用的期望值相比递延法和利润表债务法要小，其差额与暂行性差异和税率变动两者大小成正比，为$\frac{1}{2}\mathrm{D}(\mathrm{TR_c} - \mathrm{TR_f})$，而与资产负债表法下的期望值相等。显然，这与应付税款法和资产负债表债务法不满足配比原则有关。②从所得税费用的方差来看，应付税款法比递延法和利润表债务法要大，其差额与暂时性差异和前后两期税率两者大小成正比，为$\frac{1}{4}\mathrm{D}^2(\mathrm{TR_c} + \mathrm{TR_f})^2$。③对于递延税项，纳税影响会计法下的期望值均为零，说明从整个计税期来看，其不会对资产负债表和利润表产生影响。从方差来看，递延法下递延税项的波动仅和旧税率有关，而和新税率无关，但负债法下递延税项的变动同时受到新旧税率的影响。

（2）一个推论：若在计税期不存在税率变动，即 $\mathrm{TR_f} = \mathrm{TR_c} = \mathrm{TR}$，则：

①应付税款法。

所得税费用的期望为：

$$E(A) = \frac{1}{2}[Earn \times (TR_c + TR_f) - D \times (TR_c - TR_f)] = \frac{1}{2}[Earn \times (TR + TR)] = Earn \times TR$$

所得税费用的方差为：

$$\delta^2(A) = \frac{1}{4}[Earn^2 \times (TR_c - TR_f)^2 + D^2(TR_c + TR_f)^2] = \frac{1}{4}[Earn^2 \times (TR - TR)^2 + D^2(TR + TR)^2] = D^2TR^2$$

②递延法。

所得税费用的期望为：

$$E(A) = \frac{1}{2}Earn \times (TR_c + TR_f) = \frac{1}{2}Earn \times (TR + TR) = Earn \times TR$$

所得税费用的方差为：

$$\delta^2(A) = \frac{1}{4}Earn^2 \times (TR_c - TR_f)^2 = \frac{1}{4}Earn^2 \times (TR - TR)^2 = 0$$

递延所得税费用的期望：

$$E(B) = \sum_{i=1}^{2N} B \times \frac{1}{2N} = 0$$

递延所得税费用的方差：

$$\delta^2(B) = D^2TR_c^2 = D^2TR^2$$

③利润表债务法。

所得税费用的期望为：

$$E(A) = \frac{1}{2}Earn \times (TR_c + TR_f) = Earn \times TR$$

所得税费用的方差为：

$$\delta^2(A) = \frac{1}{4}Earn^2 \times (TR_c - TR_f)^2 = 0$$

递延所得税费用的期望：

$$E(B) = \sum_{i=1}^{2N} B \times \frac{1}{2N} = 0$$

递延所得税费用的方差：

$$\delta^2(B) = \frac{1}{2}D^2 \times (TR_c^2 + TR_f^2) + [N \times D^2 \times (TR_c - TR_f) \times (2TR_f + N)] = D^2 TR^2$$

④资产负债表债务法。

所得税费用的期望：

$$E(A) = \frac{1}{2}[Earn \times (TR_c + TR_f) - D \times (TR_c - TR_f)] = Earn \times TR$$

所得税费用的方差：

$$\delta^2(A) = \frac{1}{2N}(TR_c - TR_f)^2 \left\{ \frac{1}{4}(Earn + D)^2 \times N + \left[\frac{1}{2}(Earn + D) - N \times D \right]^2 + \frac{1}{4}(Earn - D)^2 \times (N - 1) \right\} = 0$$

递延所得税费用的期望：

$$E(B) = \frac{1}{2N}[D \times N \times (TR_c - TR_f) - D \times N \times (TR_c - TR_f)] = 0$$

递延所得税费用的方差：

$$\delta^2(B) = \frac{1}{2}D^2 \times (TR_c^2 + TR_f^2) + [N \times D^2 \times (TR_c - TR_f) \times (2TR_f + N)] = D^2 TR^2$$

从上可知，在没有税率发生变动的情况下，应付税款法、递延法和负债法的所得税费用的期望值相等，均等于 Earn × TR，但应付税款法下所得税费用的方差最大为 D^2TR^2，而纳税影响会计法下的所得税费用方差均为 0。说明纳税影响会计法不易造成净利润的波动，平滑了各期利润，形成投资者较为稳定的盈利预期。这也可能是 FASB、IASB 和 CAS 推崇纳税影响会计法的主要原因。对于递延税项，纳税影响会计法的均值和期望均相等。

3.3.2 所得税会计方法及其会计信息质量

会计信息质量要求是对企业财务报告中所提供会计信息的基本要求，是使财务报告中所提供的会计信息对投资者等使用者决策有用应具备的基本特征（CAS，2006）。可见，会计信息的质量特征是联系会计目标和财务报告的桥梁，是一定会计目标导向下的信息质量要求。当前，IASB、FASB、ASB 和 CAS 等都将决策有用性作为会计目标，并将相关性和可靠性并列为首要的信息质量特征。

（1）所得税费用的相关性与可靠性。不同所得税会计方法主要差异在于确认所得税费用时考虑会税差异的纳税影响，因此会产生不同的所得税信息相关性和可靠性。

①应付税款法。该方法在主体当期应税所得与税前会计利润不同时，将推迟或提前偿付会税差异形成的纳税义务，容易造成一定会计期间净利润的剧烈波动，使净利润指标产生严重偏差。但当期所得税费用充分反映了主体的实际税负，反馈价值较高；同时，很好地满足了可稽核性、如实表达和中立性等会计信息的可靠性质量要求。而对于及时性，由于财务报告没有对个别所得税会计方法的披露作出明确规定，各种所得税会计方法形成的所得税信息的及时性没有重大差别①。

②纳税影响会计法。第一，递延法。由于不确认新税率的变动影响，使确认的递延所得税费用均按主体当期的纳税义务全部反映在财务报表中，但其在未来纳税义务实现时可以转回。这在明确当期净利润中剔除纳税事项影响的真实经营业绩的同时，没有造成未来期间净利润的波动。从而在满足可靠性

① 由于该原因，下文不再分析各种所得税会计方法的及时性问题。

三项标准要求的前提下，确保了所得税费用的反馈价值和预测价值。

第二，利润表债务法。由于要确认新税率的变动影响，使得确认的净递延税款贷项（借项）和递延所得税费用均按主体预期的纳税义务全部反映在财务报表中。在可靠地反映了当期的实际纳税义务（当期所得税费用）和纳税事项（递延所得税）对当期净利润的影响外，同时还在资产负债表模糊地反映了时间性差异的对当期资产（负债）的影响①。可见，利润表债务法在保证一定可靠性的同时②，增强了所得税信息的反馈价值和预测价值。

第三，资产负债表债务法。该方法的主要特征在于：既可靠地反映了当期的实际纳税义务（当期所得税费用），又避免纳税事项对当期会计利润的影响（摊配），同时又直接和公允地反映了暂时性差异对当期资产（负债）的影响。因此，其最大限度地保证了所得税信息的反馈价值和预测价值。

当然，所得税费用的真实信息含量，还依赖于有效的实证数据检验。

（2）递延税款性质与信息质量。

①递延税款性质。递延税款的性质，在于表明递延税款应该是负债还是权益。ARB No. 23、APB Opinion No. 11 将递延税款视为一项与现金流量无关的递延贷项，而 SFAS No. 96 和 SFAS

① 在 FASB、IASB 和 ASBE（2001）中均未认定递延税款贷项（借项）的负债（资产）的性质。

② 不管是利润表债务法还是资产负债表债务法，都强调采用时间性差异（暂时性差异）转回时的“预期”利率，而非“历史”利率，在确认递延税款贷项（递延所得税负债）和借项（递延所得税资产）都脱离了“历史成本”原则，从而使得其可靠性受到质疑。

No. 109、IAS 12（2000）和 CAS 18 都认为递延税款是一项反映未来现金流出的负债。而 Dewhirst（1975）认为，在预计递延税款很大可能不会导致未来现金流出时，表明不应确认该项递延税款负债。Lasman 和 Weil（1978）则认为，递延税款代表主体永久性纳税义务的减少，应该是一项权益。Chandra 和 Ro（1997）的实证研究发现，递延税款与股票风险负相关，验证了递延税款是一项权益，并认为 SFAS No. 109 的负债法是符合市场实际的。而 Arcelus、Mitra 和 Srinivasan（2005）则验证了递延税款被市场认为是一项负债，支持所得税会计的负债法。Lukawitz，Manes 和 Schaefer（1990）实证研究结论甚至认为，递延税款和股票风险正相关，而且和传统的负债没有显著差异。本书的观点是，递延税款应为一项负债。

在递延税款负债性质的前提下，递延税款是否应该“折现”？Davidson（1958）和 Bierman（1961）都认为，递延税款应该按照现值反映。而 Sansing（1998），Guenther 和 Sansing（2000）实证研究指出，递延所得税资产和负债的转回时间与企业价值无关，强调不需要折现。目前，在世界范围内，除英国 FRS 19《递延税款》允许但不要求主体对递延税款进行折现外[①]，SFAS No. 109、IAS 12 和 CAS 18 都没有将其纳入会计实务。

②递延税款会计信息质量。纳税影响会计法与应付税款法会计信息的有用性比较，就集中体现在递延税款的列报上。除在资产负债表列报递延所得税负债（递延税款贷项）或递延所得税资产（递延税款借项）外，通常还要在报表附注中

---

① 汪祥耀等著，《英国会计准则研究与比较》，pp. 447 - 448，上海，立信会计出版社，2002。

披露递延税款的组成、变动及其金额，并说明未确认递延税款的金额和理由，很大程度上满足相关性要求。从我国 A 股上市公司 2007—2009 年的实际情况来看，绝大多数都披露了固定资产折旧和无形资产摊销、公允价值变动损益和资产减值形成的递延所得税负债（资产）的信息。就递延税款会计信息的可靠性来说，由于存在是否采用预期未来税率的差异，递延法相比负债法的可靠性要好，但是以相关性的减弱作为代价。

3.3.3　所得税会计方法的制定与选择

选择所得税会计方法的准绳，不纯粹是唯一的一定会计目标下会计质量的标准，而且也是一个会计方法制定与选择的政治博弈结果。首先，所得税方法作为公共财税政策中会计制度的方法，不可避免地带有公共政策所内生的经济后果，从而刺激各个利益集团去游说和影响所得税方法的制定。如美国 SFAS No. 96 在 1987 年 12 月发布，但由于受到各界批评，生效日期几经推迟[①]，直至 1992 年被 SFAS No. 109 替代。其次，会计制度制定模式和程序差异决定了会计制度代表的基本立场，从而不可避免会对所得税会计方法的制定和选择产生影响。当前会计制度的制定模式包括政府主体模式和民间主体模式，其本身更多是由具体的法律环境决定的，如大陆法系还是英美法系。会计制度的制定程序不同机构或国家有很大的差异，但程序是否允当成为决定会计制度质量的最关键因素。会计制度的制度模式和程

① FASB 在 1988 年、1989 年和 1991 年针对 SFAS No. 96 的生效日期连续发布了 SFAS No. 100、SFAS No. 103 和 SFAS No. 108，而并没有对正文其他部分进行修改。

序本身没有优劣之分，但不否认各自有倾向性的立场。最后，会计界的观点与偏好。所得税理论中会税模式、跨期摊配、资产负债观与收入费用观、公允价值与历史成本的纠葛，甚至包括准则制定的原则导向和规则导向，都充分代表了一个时期会计界的观点和偏好。当前，从利润表为重心转向以资产负债表为重心，从历史成本会计转向公允价值会计，资产负债表债务法的应用就水到渠成。

3.4 所得税会计信息含量影响因素二：合并报表的披露模式

为什么会有合并报表？这与20世纪初起日益复杂的公司组织结构密不可分。20世纪初，尤其在美国和英国，一些大型公司，对外部资本市场融资的依赖性越来越强，相反对这些公司的实际控制者的依赖越来越弱，导致直接的后果就是管理层意识到与外部资本市场良好关系的重要性（Arnold and Mathews, 2001）[①]。因此，一些公司就编制集体公司报表，以使财务报告的内容更加丰富和有趣。

目前，一般认为，合并报表是以母公司和子公司组成的企业集团为会计主体，以母公司和子公司单独编制的个别财务报表为基础，由母公司编制的反映企业集团财务状况、经营成果和现金流量的财务报表。自1886年美国科顿石油托拉斯公司编制第一

① Arnold A J, Matthews D R: Patterns of UK financial disclosure in the second quarter of the twentieth century. http://www.essex.ac.uk/AFM/aboutus/workingpapers/WP01-01.pdf.

份合并报表以来[①]，经过美、英和 IASC/IASB 多达半个世纪在合并会计准则制定和推广方面的不懈努力[②]，当前在世界范围内，控股公司编制合并报表已成为基本的法定义务和惯例。在我国，最早在 1992 年开始实施的《股份制试点企业会计制度》明确要求符合条件的企业应编制合并报表，直至 2006 年发布了与 IAS 27 基本趋同的 CAS 33《合并财务报表》[③]。合并报表的信息含量则主要是由编制目的、合并理论和长期股权投资的方法决定的。

对于合并报表的编制目的，理论界有两种观点。传统观点主要体现在英美法系的会计理论中，认为合并报表的编制是最大限度为母公司股东利益服务，具体体现为：（1）提供母公司报表

---

① 一般认为，1901 年美国钢铁公司编制出比较完善的合并会计报表，Christopher Nobes，*Comparative International Accounting*，Prentice Hall Europe，1991。

② 美国：基于合并财务报表比单独财务报表更具有信息含量的假设，CAP 在 1959 年 8 月发布了世界首份合并报表会计研究公告 ARB No. 51《合并财务报表》。此后 1971 年 3 月，APB 发布了涉及合并财务报表编制的 APB Opinion No. 18《普通股权投资会计处理中的权益法》。1987 年 10 月，FASB 发布了修订 ARB No. 51 的 SFAS No. 94《对拥有多数股权的子公司的合并》。在 1991 年、1995 年 FASB 分别发布了一份讨论备忘录《合并政策和程序》（DM）和一份征求意见稿《合并财务报表：政策和程序》（ED）。在 2007 年 12 月，发布了 SFAS160《合并财务报表中的非控制权益——对 ARB No. 51 的修订》。

英国：1985 年，ASC 发布了 SSAP No. 23《购买和兼并会计》。此后，ASB 在 1992 年发布 FRS2《子公司会计》。1994 年，它又发布了第 6 号财务报告准则（FRS 6）《购买和兼并》。就此，FRS 2 和 FRS 6 共同对合并财务报表进行规范。

IASC/IASB：1976 年，IASC 发布了 IAS3《合并财务报表》。1987 年 12 月发布第 30 号征求意见稿《合并财务报表和对子公司投资会计》（ED30）。1989 年 4 月发布 IAS27《合并财务报表和对子公司的会计》取代 IAS 3。2003 年 12 月，IASB 发布了修订后的 IAS 27，并改名为《合并财务报表和单独财务报表》，与 2005 年 1 月 1 日生效。

③ 1992 年《股份制试点企业会计制度》第 73 条规定："企业对其他企业的投资如占该企业资金总额半数以上的，应编制合并会计报表"。此后《企业会计准则》（1993）、《合并会计报表暂行规定》（1995）、《关于合并报表合并范围的复函》（财会二字〔1996〕2 号）和《企业会计制度》（2000）等均对合并报表做出规定，直至 CAS 33《合并财务报表》颁布。

的补充信息；（2）为母公司股东提供基本财务信息。合并报表作为母公司报表的补充报表，是认为母公司运营也来自其他公司，从而提供这些补充信息是有意义的。因此，合并报表就代表了补充母公司报表的一种报表，当然也可以选择对子公司信息进行专门披露（Taylor，1996）。相反，另一种观点认为，集团公司是一个单独的经济实体，其权利是与股东截然分开的，后者仅仅代表其融资的渠道之一。因此，合并报表不能仅仅关注母公司股东的利益，而应该向所有有权利获取该经济体财务信息的股东报告。在这种观点下，少数股东权益被认为是公司的股东，尽管其相比母公司股东拥有较少的权利和谈判力，但是合并报表也应该提供对他们决策有用的信息。但是，在各国准则中关于合并报表目的的规定，接近于后者。最初，CAP 的 ARB No. 51 的第 1 段就开宗明义地指出："合并报表的目的主要是基于母公司股东和债权人的利益列报母公司和其子公司的财务状况与经营成果，集团如同一个拥有一个或多个分支机构的单一公司。"修订后的 SFAS No. 94 和 SRAS No. 160 继续采用这一目的，不过后者考虑对子公司中非控制权益及终止合并子公司的情况，进一步扩充了该目的。IAS 27 和 CAS 33 则原则上接受了该观点。

再者，对于合并理论，基于对"控制"的不同界定，就会产生不同的合并范围，进而形成母公司理论、经济实体理论和所有权理论 3 种合并报表理论。合并理论的主要特征见表 3－3。

表 3－3　　合并理论基本特征

	母公司理论	经济实体理论	所有权理论
编制目的	母公司控股股东	合并主体的所有股东	母公司股东
合并净收益	母公司股东净收益	合并主体全部股东收益	母公司股权享有的净收益

续表

	母公司理论	经济实体理论	所有权理论
少数股东收益	一项费用	归属于少数股东的收益	不存在
少数股东权益	一项负债	归属于少数股东的权益	不存在
合并商誉	属于母公司股东，与少数股东无关	全部股东共享	按母公司股权比例享有
合并方法	完全合并法和比例合并法①	完全合并法②	比例合并法
主要缺点	对子公司资产采用成本与市价双重计价	少数股东与母公司股东平等地位受到质疑；商誉计算	违背控制实质；子公司权益按公允价值和账面价值双重计价
应用情况	IAS 和绝大多数国家改进前的准则	当前 IAS 27、SFAS No. 160、FRS 6 和 CAS 33	适用于合营和联营

实体理论下合并报表能够充分披露企业集团作为单一经济体的财务状况，在信息含量上主要体现在提高了会计信息的完整性。完整性是会计信息可靠性的主要特征（FASB、IAS、CAS）或基本要求（ASB），从而也影响会计信息的相关性。相比母公司理论编制合并报表仅提供母公司权益和利润信息，合并理论下

① 具体体现在：母公司理论合并非全资拥有的子公司时，（1）子公司的资产、负债、净资产、收入和费用100%予以合并；（2）子公司资产、负债的升（贬）值以及商誉按母公司拥有的比例合并；（3）集团间顺销形成的未实现利润100%抵销，但逆销形成的未实现利润按母公司的股权比例予以抵销。

② 即将因合并引起的子公司资产升（贬）值及商誉全部合并；母子公司间的交易及为实现利润全部抵销。

的合并报表提供的所有股东权益和利润，以及对子公司资产按公允价值计价信息都使会计信息更完整、更可靠，也更有相关性。经验证据也支持了这点，如张然、张会丽（2008）。同时，在我国特殊的股权治理结构下，实体理论也能较好地体现全流通的指导思想，对股权改革提供理论支持。再者，实体理论对债权人、税务部门和其他信息使用者也能提供更完整的差异或增量信息。可见，实体理论的理念在当前绝大多数国家包括我国，都已被接受，成为主流合并报表的理论基础。

最后，受长期股权投资方法的影响。对于子公司投资采用成本法还是权益法，对合并报表是没有影响的，但对合并报表和母公司报表的分工则是有影响的。成本法注重法律实体的概念，认为当投资者收到被投资者所发放的股利（利润）时，才确认投资收益，强调确认投资收益的稳健性。而权益法则注重同一管理阶层下的经济实体概念，将被投资者年度净损益中按投资权益比例确认为投资损益，并相应调整投资，强调投资收益的经济事实。因而，成本法反映的是投资资产的损益，而权益法反映的是类似于单行合并的损益。那么，当母公司个别报表采用权益法时，合并报表相对母公司个别报表的增量信息就会减少。考虑到这个问题，IAS 27（2003）要求编制单独财务报表时，对子公司按成本法进行会计处理（Par. 38）。IASB 认为，对于单独财务报表来讲，长期股权投资应重点反映在投资资产的业绩上，而权益法下的相关损益信息已在合并报表中反映，满足特定方需要单独财务报表的需求，如关心子公司股利政策的母公司非控股股东和优先股股东。我国 CAS 33 接受了 IAS 27 的理念，使母公司个别财务报表反映投资资产收益（子公司利润分配政策），而合并报表反映合并主体的财务状况、经营成果和现金流量，实现了合并报表和母公司报表信息的有力互补。

对于所得税会计信息来说，由于必要的合并程序，如对资产交易、内部销售和债权债务等进行有条件抵销的同时，考虑所得税影响，并进行抵销处理，能够充分揭示合并主体的经济实质。同时，合并报表附注还要披露母子公司诸如税收优惠、免抵退税等信息，能使信息使用者对企业集团整体税负有更完整的了解，从而对会计盈余持续性、可预测性和稳健性等质量信息作出有效估计。再者，由于合并报表报告主体与纳税主体的差异，使信息使用者能够对合并主体法人主体纳税和汇总纳税的信息进行甄别[①]，有效利用所得税会计信息。这些都使合并报表所得税信息相比母公司个别报表有增量信息含量。

尽管合并报表的信息含量在理论界形成共识，但是否需要提供母公司个别报表仍然是一个颇具争议的话题。如 Pendlebury（1980）和 Francis（1986）就指出：整合或合并的财务资料将导致信息损失，提供合并报表而不提供母公司报表，投资者会因信息损失而有不当的经济后果。Wolk，Dodd and Teamey（2004）也认为，假设在所有的情况下，合并报表总是优于母公司报表的想法是天真的。优化合并报表和母公司报表的分工，实现两者的相互补充，可能有利于更好地满足不同报表使用者的信息需求（戴德明、毛新述等，2006）。

至此，世界范围内就形成了对于合并报表的两种披露制度："单一披露制"和"双重披露制"。实际上除我国外，法国、德国和日本等也采用双重披露制，而英国和 IAS 采用一定豁免条件下合并报表披露的折中模式。甚至 1980 年以前，也出现过集团公司只提供母公司报表，如西班牙、巴西、哥斯达黎加等数十个

① 2008 年我国新企业所得税法实施后，从 2009 年起取消了从 1992 年分税制开始时实施的汇总纳税政策。

国家；或提供母公司报表并辅以合并报表，如前联邦德国、荷兰、丹麦等的合并报表披露模式①。

当然，对于合并报表披露模式的选择，除会计准则框架的影响外，其还受到政治经济法律制度的影响。如IASC/IASB采用折中模式，与考虑IAS/IFRS世界范围内推行难度有关。而我国采用“双重披露制”，除与我国的会计惯例有关外，还与我国大多数上市公司企业集团的国有属性有直接关系，表现为中央政府、地方政府和其相关事业单位对上市公司的控股。因此，国有企业集团除了具有获取利润的企业经济属性，而且必须承担政府对经济的控制责任，作为集团的首脑和中枢，母公司就必须具备资源控制中心和价值创造中心的功能。相比自由经济市场国家，我国上市公司母公司的信息含量相比就要高得多，“双重披露制”的优势也就不言而喻。

3.5 本章小结

提高会计信息的价值相关性是决策有用观的直接体现。所得税会计信息是由所得税会计方法决定的，而所得税会计方法则是由递延所得税的摊配理念直接决定的。会税分离模式是会税差异形成的基本前提，是所得税会计信息形成的必要条件。基于4点基本假设，本章对目前已存在的所得税会计方法进行了一般描述，同时通过推导，指出了应付税款法易造成计税期利润波动，而纳税影响会计法，包括递延法和负债法则导致了利润平滑。同时，分析了4种所得税会计方法形成的所得税会计信息的信息质

① 常勋，《财务会计四大难题》，p.216，上海，立信会计出版社，2002。

量，包括所得税费用和递延税款的相关性和可靠性。最后，基于合并报表信息含量的理论分析，包括合并报表中所得税的信息含量，说明了合并报表披露模式选择的影响因素，以及我国“双重披露制”选择的主要考虑。显然不同所得税会计方法所形成的所得税会计信息含量是有差异的，尤其是资产负债表债务法相比其他所得税会计方法，所生成的所得税会计信息与投资者的决策更加直接相关；而我国合并报表“双重披露模式”相比美国“单一披露模式”应能够为信息使用者提供增量信息。

第4章 不同所得税会计方法下所得税会计信息含量的比较检验

本章研究财务报告中所得税会计信息的影响因素之一：摊配方法。具体是对不同的所得税会计方法的信息含量进行实证检验，为所得税会计方法的选择和演进提供经验证据；同时，也可检验我国 CAS 18 采用资产负债表债务法、取消应付税款法、递延法和利润表债务法这一所得税会计方法变革的合理性。

4.1 研究问题界定

由于纳税申报单是不公开的，财务报告中的所得税信息就成为主要或唯一的了解企业纳税情况的渠道。信息使用者了解所得税信息，主要出于以下 4 个原因：（1）所得税是企业的一项重要费用；（2）税收筹划往往影响企业的许多交易或事项；（3）政府机构通常通过财务报告中的所得税信息制定税收或其他政策；（4）最主要的就是税收法规和会计依赖于不同的制度，会税差异提供了增量的企业运营信息。因此，相比其他会计信息，所得税会计信息不仅能间接衡量企业盈余水平，而且还能通过税法约束对企业盈余质量进行甄别，从而成为信息使用者最为关注的会计信息之一。

但是，所得税会计信息含量的高低，直接取决于不同的所得税费用的计量方法，即所得税会计方法。纳税影响会计法相比应付税款法，不仅反映当期的纳税义务，而且将递延税款对以后会计期间进行摊配，从而形成一定的市场预期，通过会计信息的反馈作用和预测作用，提高了会计信息对使用者的决策有用性。Beaver、Kennelly 和 Voss（1968）就指出："对某一既定事件最具预测能力的计量被认为是那个特定目的的'最佳'方法。所以，知晓各种不同量度的预测能力是运用决策标准的先决条件。"

当前，所得税会计方法已从应付税款法、递延法、利润表债务法演进到资产负债表债务法。我国 2006 年颁布 CAS 18 也采用了资产负债表债务法，取代了 ABSE（2001）的应付税款法、递延法和利润表债务法。这种制度变更的理论依据是收益决定的收入费用观向资产负债观的转变。但是，对这种演进的逻辑和路径，更多的是权威机构的主导或理论界的偏好，而很少有市场的经验证据。少量文献，如在美国 Ayers（1998）研究了美国实施 SFAS No. 109 相比 APB11 下所得税会计信息的价值相关性；而我国，饶茜（2004）和陈丽花等（2009）也分别研究了应付税款法相比纳税影响会计法（递延法和利润表债务法）以及资产负债表债务法的价值相关性。但是由于国别制度的差异，考虑所得税方法种类的局限性，都没有全面地将 4 种所得税会计方法的信息含量进行比较，也就更不可能对所得税会计方法研究的逻辑和路径提供经验证据。

因此，基于对我国所得税会计制度的演进，关于所得税会计方法至少要研究以下问题：（1）资产负债表债务法相对其他所得税会计方法下所得税会计信息是否有增量的信息含量？（2）已有的所得税方法的演进从信息含量的角度来看，其逻辑和路径是否合理？本章的研究目的在于通过对不同所得税会计方法下所得税会计信息含量的比较来研究这些问题，为我国所得税会计准则的改革提供经验证据。

4.2 研究设计

4.2.1 研究假设

CAS 18 要求企业采用资产负债表债务法核算所得税费用。在此之前，我国上市公司适用 ASBE（2001），所得税核算要求按应付税款法或纳税影响会计法（递延法和利润表债务法），对于这两种方法，企业可以自行选择。由于新准则在 2007 年 1 月 1 日开始施行，因此，原来使用应付税款法或纳税影响会计法的公司必须在 2007 年比较报表中按资产负债表债务法调整所得税核算。因此，2006 年企业就会有按 ASBE（2001）和 CAS 18 同时分别核算所得税费用的财务报表，提供了同期采用不同所得税会计方法生成所得税会计信息的样本数据①。

① 我国上市公司 2006 年报中将相关重要项目按新 CAS 进行调整并进行了披露，所得税信息是其中重要的一项。

基于对3.2“所得税会计信息含量的影响因素一：递延所得税摊配方法”和3.3“所得税会计方法与信息含量”的分析，可知在纳税影响会计法（递延法和负债法）下，递延税项的确认，会使市场形成一个对其转回额和转回期的预测，而预期的产生会影响投资者对股票价值的估计。Guenther and Sansing（2000）通过一个分析性框架给出了包含递延所得税资产和负债的估值理论模型。模型框架如下：

$$P(u^*) = B(u^*) + [K(u^*) - B(u^*)]\left[1 - \frac{\delta t}{\delta + \rho}\right] - \frac{\delta}{\delta + \rho}DTL - \frac{1}{\varphi}\frac{\theta}{\theta + \rho}[L(u^*) - DTA] \quad (1)$$

其中：

$P(u^*)$——在时点 u^* 时的股价。

$B(u^*)$——在时点 u^* 时的账面价值。

$K(u^*)$——在时点 u^* 时的重置成本。

$L(u^*)$——在时点 u^* 时的（质量）担保负债的账面价值。

δ——税法的折旧率。

t——公司所得税税率。

ρ——资本市场回报率。

φ——在销售日应计的（质量）担保费用发生的比率。其中，$\varphi=0$，表示没有应计；$\varphi=1$，表示以全部未来未折现的现金支出应计；$\varphi=\theta/(\theta+\rho)$，表示以未来支付现金的折现值应计。

θ——（质量）担保费用支出的比率。

DTA——递延所得税资产。

DTL——递延所得税负债。

从模型（1）可知，股价可以通过企业在u时点的账面价值加上一个股本的重置成本与账面价值之差的税后效应的折现值来表达①。若仅从会计角度出发，忽略重置成本的影响，则模型（1）可改写为：

$$P(u^{*}) = B(u^{*}) - \frac{\delta}{\delta + \rho}DTL - \frac{1}{\varphi}\frac{\theta}{\theta + \rho}[L(u^{*}) - DTA] \tag{2}$$

可见，递延所得税负债DTL的市场价值为其账面价值的δ/(δ+ρ)；而递延所得税资产DTA的市场价值则为受（质量）担保费用当期应计与未来实际支付的共同影响，在折现系数上表现为未来实际支付的（质量）担保费用的折现比率与在销售日应计（质量）担保费用比率的乘积，即$\frac{1}{\varphi}\frac{\theta}{\theta + \rho}$。模型结论表明：①如果税法允许费用在发生的期间抵扣，而潜在的负债或资产是以未来现金流的现值计量的，那么递延所得税负债和资产的价值就是其确认的现值额，而与递延所得税资产的实现或者递延所得税负债的转回没有关系；②如果税法不允许费用在发生的期间进行相应抵扣（如折旧），或潜在的负债和资产的计量比其未来现金流的现值大（如质量担保负债），那么递延所得税资产和负债的价值要比账面计量额要小，而且其价值与递延税项的转回也无关。总之，递延税项是有估值的信息含量的，这为所得税会计方法信息含量的检验提供了理论基础。

如上所述，对于具体的所得税会计方法，纳税影响会计法比应付税款法更能产生决策有用的信息；而在纳税影响会计法下，

① Guenther and Sansing, Valution of the firm in the presence of temporary book - tax differences: the role of deferred tax assets and liabilties, The Accounting Review 75, 2000, pp. 1 - 12。该模型是原文中的模型（13），p. 8，原文为："Equation (13) shows that the value of the firm can be expressed as a linear combination of all values on the balance sheet, plus a term that captures the after - tax effect of the difference between the replacement cost and book value of the firm's capital stock."

以资产负债表为重心的资产负债表债务法相比以利润表为重心的递延法和利润表债务法产生的所得税信息，与企业价值更为直接相关。因此，提出如下 3 个假设：

H_1：资产负债表债务法相比递延法和利润表债务法，所生成的所得税会计数据有增量信息含量。

H_{1a}：资产负债表债务法下的递延所得税负债和资产相比递延法或利润表债务法下的递延贷项和借项有增量信息含量。

H_{1b}：资产负债表债务法下的所得税费用相比递延法或利润表债务法下的所得税费用有增量信息含量。

H_2：资产负债表债务法相比应付税款法，所生成的所得税会计数据有增量信息含量。

H_3：递延法、利润表债务法相比应付税款法，所生成的所得税会计数据有增量信息含量。

4.2.2　模型设定

鉴于已有的关于所得税信息含量研究的模型构建大多缺乏有力的理论支持，本研究模型基于 Ohlson（1995）市值模型和收益模型，以及 Guenther and Sansing（2000）递延所得税资产和负债估值的理论模型构建。

（1）基本模型。Ohlson（1995）在价格等于预期股利折现值（PVED）、净剩余关系（CSR）和超额盈余的线性信息动态性（LID）3 大假设基础上，得出如下股价模型：

$$P_t = k(\phi\chi_t - d_t) + (1 - k)bv_t + \alpha_2 v_t \quad (3)$$

其中：χ_t：t 期的盈余；

bv_t：t 期末的账面净资产；

d_t：t 期公司所发放的净现金股利（Net Dividends，即现金股利减现金增资）；

v_t：不包含超额盈余其他信息，此项目包括会计及非会计信息；

r：无风险利率。

$\phi \equiv (1+r)/r \quad k = r\alpha_1 = r\omega/(1+r-\omega)$

$\alpha_1 = \omega/(1+r-\omega) \geqslant 0$

$\alpha_2 = (1+r)/(1+r-\omega)[1+(1+r)-\gamma] > 0$

γ、ω：固定且已知的持续性参数，需符合 $\gamma > 0$、$\omega < 1$。

由于 k 的限制，股价模型可以被看作当期盈余和账面价值的加权平均。

作为许多有关股价、账面净资产和盈余关系研究的理论基础，（3）式经常被引用（Easton，1999，p. 402）①。这些研究基于下列股票估值模型：

$$P_t = \beta_0 + \beta_1 bv_t + \beta_2 \chi_t + \varepsilon_t \tag{4}$$

同时，（3）式也可被重写作收益决定模型的理论基础，记为 Ohlson（1995）收益模型，表述的一般模型为：

$$Ret_t = \beta_0 + \beta_1 \cdot \chi_t / P_{t-1} + \beta_2 \cdot \Delta\chi_t / P_{t-1} + \varepsilon_t \tag{5}$$

其中：$Ret_t = (P_t - P_{t-1} + d_t)/P_{t-1}$

（2）检验模型。为检验本研究的 3 个假设，对于所得税会计信息在估值中的信息含量，在（4）式 Ohlson 价格模型的基础上，加入资产负债表中的递延所得税负债和递延所得资产或递延税款贷项和递延税款借项变量，以及其他控制变量和残差项设定。对于所得税会计信息在股票回报中的信息含量，在（5）式 Ohlson 收益模型的基础上，加入利润表中的所得税费用变量，以及其他控制变量和残差项设定。具体模型见各检验的具体分析。

① Easton, P. , Security returns and the value relevance of accounting data, p. 402, Accounting Horizons (13), 1999, 399 - 412.

4.2.3　样本期间与数据来源

由于我国 2007 年 1 月 1 日开始在上市公司实施新会计准则，因此，我国沪深两市 A 股上市公司 2006 年年报中就有按 ASBE（2001）编制和在附注中按新会计准则 CAS 18 调整的两套所得税数据。两套数据所采用的所得税会计方法完全不同，这为我们检验所得税会计方法的信息含量提供了机会。因此，样本期间选择为 2006 年。

所有样本数据来自 CSMAR 和聚源数据库。

4.2.4　新旧制度下所得税信息的基本描述

为了说明 2006 年新 CAS 和 ASBE（2001）下所得税会计信息的基本差异，以下对净资产、净利润和所得税信息进行了同分布检验，见表 4－1。

表 4－1　新 CAS 和 ASBE（2001）下所得税信息的 Wilcoxon 符号秩检验

Ho：EQIUTY_Old = EQUITY_new z = －4.840 Prob ＞ | z | ＝0.000	Ho：NI_Old = NI_new z = －3.675 Prob ＞ | z | ＝0.000	Ho：TAXEXP_Old = TAXEXP_new z＝0.447 Prob ＞ | z | ＝0.655
结论：新旧准则的权益有显著差异	结论：新旧准则的净利润有显著差异	结论：新旧准则的所得税费用无显著差异
Ho：DTA_Old = DTA_new z = －3.446 Prob＞ | z | ＝0.001	Ho：DTL_Old = DTL_new z = －3.912 Prob ＞ | z | ＝0.000	
结论：递延税款借项与递延所得税资产有显著差异	结论：递延税款贷项与递延所得税负债有显著差异	

从表4-1可知，新CAS和ASBE（2001）下所得税费用无显著差异，主要原因在于样本都采用纳税影响会计法，在一般情况下，其所得税费用应该相等。而净资产、净利润、递延所得税资产与递延借项、递延所得税负债与递延贷项都存在显著差异，这主要是由于新CAS的全面应用，会计要素的确认计量发生了重大变化。

4.3 资产负债表债务法相比递延法和利润表债务法下所得税会计信息的增量信息含量检验

4.3.1 资产负债表增量信息含量检验

H_{1a}：资产负债表债务法下的递延所得税负债和资产相比递延法或利润表债务法下的递延贷项和借项有增量信息含量。

（1）检验模型。由于新旧制度下权益和净利润有显著差异的关系，不能将新CAS和ASBE（2001）下估价模型进行直接对比，通过Voung检验[①]得出结论，所以采用增量模型。因此，模型设计如下：

$$P_i = \beta_0 + \beta_1 BV\_old_i + \beta_2 EPS\_old_i + \beta_3 Delta\_DTA_i + \beta_4 Delta\_DTL_i + \beta_5 Delta\_BV_i + \beta_6 Delta\_EPS_i + \varepsilon_i \quad (6)$$

在这个模型中，β_0为截距，β_1—β_6为系数，ε_i为残差。各变

① Vuong（1989）检验是比较两个模型解释力是否有重大差异的一种检验方法。对于模型1（如果递延法数据）与模型2（如负债法数据）相比较，Vuong检验所构造的Z统计量显著为正，则模型1解释能力更强；如果显著为负，则模型2解释能力更强；如果不显著异于0，则无法区分两个模型解释力的强弱。

量的含义见表4-2。

表4-2　变量定义

被解释变量			
变量标识	变量名称	预期符号	变量定义
P_i	股价		会计年度结束后4月最后一个交易日公司i的收盘价
解释变量			
变量标识	变量名称	预期符号	变量定义
BV_old_i	每股净资产	+	公司i在ASBE（2001）下合并报表中年末的每股净资产
EPS_old_i	每股基本收益	+	公司i在ASBE（2001）下合并财务报表的年末的每股基本收益
$Delta\_DTA_i$	递延所得税资产的差异	-	公司i在新CAS下每股递延所得税资产相比ASBE（2001）下每股递延借项的差异（新-旧），合并报表数据
$Delta\_DTL_i$	递延所得税负债的差异	+	公司i在新CAS下每股递延所得税负债相比ASBE（2001）下每股递延贷项的差异（新-旧），合并报表数据
$Delta\_BV_i$	每股净资产的差异	-	公司i在新CAS下每股净资产相比ASBE（2001）下每股净资产的差异（新-旧），合并报表数据
$Delta\_EPS_i$	每股基本收益的差异	-	公司i在新CAS下每股基本收益相比ASBE（2001）下每股基本收益的差异（新-旧），合并报表数据

特别要说明的是，对于解释变量$Delta_DTA_i$、$Delta_DTL_i$的预期符号分别为“-”和“+”，这与Guenther and Sansing（2000）股价理论模型中的DTA和DTL的符号“+”和“-”完全相反。主要出于以下考虑，尽管2007年1月1日起新准则

开始实施，但在4月底年报公布后，对于股价的估计和所得税会计信息的利用，投资者更多地还是倾向于已经习惯的按 ASBE (2001) 披露的信息，而对按新准则调整的信息利用不足，这种现象在行为金融学中称为“锚定效应”[①]。因此，本书对该两个主要解释变量作出以上预期符号的假设。同理，对 $Delta\_BV_i$、$Delta\_EPS_i$ 作出“-”号的预期假设。

(2) 样本选择与基本统计。我国沪深两市A股上市公司2006年采用纳税影响会计法的共53家，剔除主要采用应付税款法，但个别业务采用纳税影响会计法的11家后，剩余42家。再剔除金融业6家，有效样本36家。基本统计见表4-3。

表4-3 2006年我国A股公司采用纳税影响会计法的基本统计

单位：家

采用的所得税会计方法	沪市公司	深市公司	合计
负债法	24	10	34
递延法	1	0	1
未说明的纳税影响会计法	4	3	7
应付税款法/递延法	4	0	4
应付税款法/纳税影响会计法	5	2	7
合计	38	15	53

可见，我国A股上市公司沪市采用纳税影响会计法（38家）相比深市（15家）要多，这可能是由于规模效应造成的

① 锚定效应，心理学名词，是指人们对事物进行判断时，易受第一印象或第一信息支配，就像沉入海底的锚一样将人们的思想固定在原处。Tversky 和 Kahneman 于1974年通过经典的“幸运轮”实验发现了著名的“锚定效应”（Anchoring effect）。Nofsinger（2002）、George and Hwang（2004）等均发现投资者存在锚定心理。

（盖地等，2005）[①]。而在具体的方法中，采用最多的是债务法（34 家），未说明的纳税影响会计法和递延法合计（8 家），而个别业务涉及纳税影响会计法的，如企业合并，共 11 家。总之，所得税会计采用纳税影响会计法的占 2006 年沪深 A 股的总数不足 0.3%。而 2006 年采用纳税影响会计法的行业分布，见图 4－1。

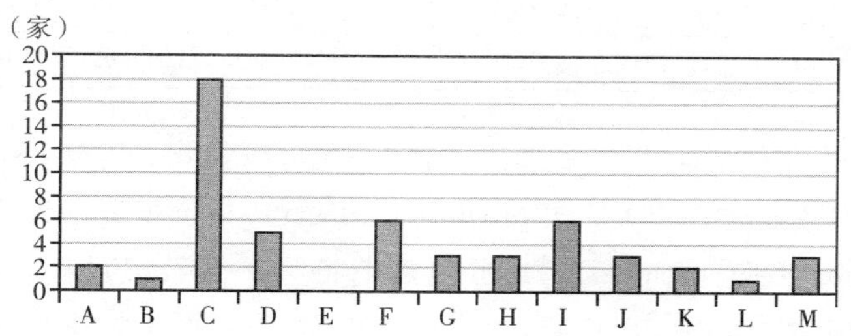

图 4－1　采用纳税影响会计法的行业基本统计

可见，2006 年我国沪深 A 股公司采用纳税影响会计法最多的是制造业（C），其次是金融业（I）、交通运输和仓储业（F），而在建筑业（E）中没有任何企业采用。因此，除规模外，所在行业对是否采用纳税影响会计法也有影响。

（3）变量的描述性统计。从表 4－4 可以看出，Delta_DTAi、Delta_DTLi 的最小值为 0，均值分别为 0.321 和 0.072，且呈右偏态，说明绝大多数处于均值的右边。同时，Delta_BVi、Delta_EPSi 的均值也为正，也正右偏态，表明新 CAS 核算净资产、每股基本收益相比 ABSE（2001）核算的要高，这可能和新 CAS 引入公允价值和全面收益观有关系。

① 财政部会计准则委员会编，《所得税会计》，p. 209，大连，大连出版社，2005。

表 4-4　　变量的描述性统计

	P_i	BV_old_i	EPS_old_i	$Delta\_DTA_i$	$Delta\_DTL_i$	$Delta\_BV_i$	$Delta\_EPS_i$
最小值	5.670	0.612	-0.418	0.000	0.000	-0.074	-0.056
平均值	13.934	3.105	0.267	0.321	0.072	0.363	0.030
最大值	51.090	11.130	1.845	2.809	0.500	3.527	0.437
标准差	9.699	1.820	0.391	0.685	0.128	0.616	0.081
偏　度	2.771	2.458	2.137	2.685	2.330	3.794	3.660
峰　度	10.293	11.208	8.793	9.494	7.541	19.621	18.350

（4）Pearson 相关系数。从表 4-5 可以看出，P_i与 BV_old_i、EPS_Old_i显著正相关，这与 Ohlson（1995）估价模型一致。而 P_i与 $Delta\_DTA_i$、$Delta_DTL_i$虽然预期符号一致，但没有显著性，有待回归模型进一步检验。同时，BV_old_i、EPS_Old_i也显著正相关，这可能与两者都是每股财务指标有关。$Delta\_DTA_i$、$Delta_DTL_i$也显著正相关，这与在本节检验中的样本均采用纳税影响会计法核算所得税有关。除此之外，其他变量没有相关性，不存在严重多重共线性问题。

表 4-5　　变量的 Pearson 相关系数

	P_i	BV_old_i	EPS_old_i	$Delta\_DTA_i$	$Delta\_DTL_i$	$Delta\_BV_i$	$Delta\_EPS_i$
BV_old	0.780***	1.000					
EPS_old	0.835***	0.617***	1.000				
Delta_DTA	-0.113	0.065	-0.098	1.000			
Delta_DTL	0.019	-0.041	-0.026	0.597***	1.0000		
Delta_BV	0.024	0.087	0.122	-0.160	0.1298	1.000	
Delta_EPS	0.173	0.267	0.249	-0.186	0.1029	0.915***	1.000

注：***，** 和 * 分别表示在 1%，5% 和 10% 的水平下显著（双尾）。变量定义如前。

（5）回归结果。从表 4－6 的回归结果可以看出：

①BV_old_i、EPS_old_i的系数为正，与预期符号一致，而且在 1% 水平上显著，即与股价 P_i 显著正相关，说明 Ohlson（1995）估价模型在我国股票市场也得到了验证，也与陈丽花等、王鹏等（2009）采用该模型对我国股票市场的研究结论一致；而且，也初步验证了资产负债观相比收入费用观更能给投资者提供对决策有用的信息①，表明我国新 CAS 采用区别 ASBE（2001）的利润表重心转向以资产负债观为重心的理念在提高决策有用性上是合理的。

表 4－6　资产负债表债务法相比递延法和利润表债务法下所得税会计信息的增量信息含量检验之一：资产负债表信息检验回归结果

解释变量	预期符号	系数	T 值	VIF
截距	?	2.014	1.08	—
BV_old_i	+	2.656***	4.58	1.880
EPS_old_i	+	13.773***	5.21	1.770
$Delta\_DTA_i$	−	−3.367**	−2.26	1.870
$Delta\_DTL_i$	+	13.784*	1.77	1.790
$Delta\_BV_i$	−	0.357	0.14	4.450
$Delta\_EPS_i$	−	−21.684	−1.06	5.000
Adj R^2	0.784			
F 值	22.150***			
样本量	36			

注：***，** 和 * 分别表示在 1%，5% 和 10% 的水平下显著（双尾）。变量定义如前。

②$Delta_DTA_i$、$Delta\_DTL_i$ 的符号与预期一致，而且都在

① 在此假设 Ohlson（1995）模型在基本设定上是合理的这一前提。

10%水平下与股价 P_i 显著相关，表明：第一，资产负债表中的所得税会计信息，不论是资产负债表债务法下的递延所得税资产/负债，还是递延法、利润表债务法下的递延税款借项/贷项，都具有投资者决策有用的信息含量。第二，$Delta\_DTA_i$、$Delta\_DTL_i$ 与股价显著相关，也说明了资产负债表债务法下的递延所得税资产/负债相比递延法、利润表债务法核算的递延借项/贷项具有增量信息含量；而且，投资者能够区分这种差异，验证了假设 H_{1a}。第三，$Delta\_DTA_i$、$Delta\_DTL_i$ 的符号与预期一致，也验证了我国股票市场投资者存在股票定价决策中的“锚定效应”，与许年行等（2007）的结论一致。

③各变量的 VIF 值均小于等于 5，说明不存在多重共线性。

4.3.2 利润表增量信息含量检验

（1）研究假设

H_{1b}：资产负债表债务法下的所得税费用相比递延法和利润表债务法下的所得税费用有增量信息含量。

（2）检验模型

$$R_i = \beta_0 + \beta_1 GrowthEPS_i + \beta_2 TAXEXP\_R_i + \beta_3 EPS\_old_i + \beta_4 Delta\_BV_i + \beta_5 Delta\_EPS_i + \varepsilon_i \quad (7)$$

在这个模型中，β_0 为截距，β_1—β_6 为系数，ε_i 为残差。各变量的含义见表 4-7。

表 4-7　　变量定义

被解释变量			
变量标识	变量名称	预期符号	变量定义
R_i	年度股票回报		公司 i 在 2006 年 5 月至 2007 年 4 月的年度收益率，依据考虑分红的月度收益率计算得出

续表

解释变量			
变量标识	变量名称	预期符号	变量定义
$GrowthEPS_i$	基本每股收益的增长	+	公司 i 按 ASBE（2001）核算的 2006 年相比 2005 年基本每股收益的增长，用 2006 年 4 月最后一个交易日的收盘价平减
$TAXEXP\_R_i$	所得税费用比率	−	公司 i 在 2006 年按 CAS 18 资产负债表债务法和 ASBE（2001）递延法、利润表债务法核算的所得税费用的比率（新/旧），用 2007 年 4 月最后一个交易日的收盘价除以 2006 年 4 月最后一个交易日的收盘价的比率去除，目的是去量纲
EPS_old_i	基本每股收益	+	公司 i 按 ASBE（2001）核算的基本每股收益，用 2006 年 4 月最后一个交易日的收盘价平减
$Delta\_BV_i$	每股净资产差异	−	公司 i 在 2006 年按新 CAS 和 ASBE（2001）核算的每股净资产的差异（新 - 旧），用 2006 年 4 月最后一个交易日的收盘价平减
$Delta\_EPS_i$	基本每股收益的差异	−	公司 i 在 2006 年按新 CAS 和 ASBE（2001）核算的基本每股收益的差异（新 - 旧），用 2006 年 4 月最后一个交易日的收盘价平减

特别要说明的是，解释变量 $TAXEXP\_R_i$ 的预期符号为“-”，这与 Thomas 和 Zhang（2009）研究发现的“市场可能将应税所得作为经济利润的一个指标，所得税费用与股价正相关”的结论完全相反。这主要出于投资者估价过程中“锚定效应”的考虑，尽管在 2007 年的新制度环境下，投资者更多地还是倾

向于已经习惯的按 ASBE（2001）披露的信息，而对按新准则调整的信息利用不大。同理，对 $Delta\_BV_i$、$Delta\_EPS_i$ 作出“－”的预期符号假设。

（3）样本选择。在 4.3.1 节检验资产负债表中所得税信息含量时选取的 36 家样本基础上，继续剔除有缺失值的样本 4 家，共 32 家有效样本。

（4）描述性统计。从表 4－8 可以看出，Growth_EPSi 的最小值为负，均值为 0.017，说明 2006 年沪深两市基本每股收益的增长幅度仅为年报披露日股价的 1% 左右。同时，结合 EPS_oldi 最小值均为负，均值为 0.043，且呈左偏态，说明 2006 年沪深两市基本每股收益仅为年报披露日股价的 4% 左右。总体说明 2006 年采用纳税影响会计法核算所得税的公司整体盈利能力一般。而 TAXEXP_Ri 的均值为 0.405，即所得税费用的增长是股价增长的 40.5%。

表 4－8　　变量的描述性统计

	R_i	$Growth\_EPS_i$	$TAXEXP\_R_i$	EPS_old_i	$Delta\_BV_i$	$Delta\_EPS_i$
最小值	0.851	－0.160	0.156	－0.151	－0.023	－0.013
平均值	2.427	0.017	0.405	0.043	0.094	0.006
最大值	7.335	0.204	0.895	0.175	0.682	0.084
偏　度	1.951	0.862	1.275	－0.571	2.471	3.146
峰　度	6.652	5.738	6.478	6.695	9.046	14.031

（5）相关系数。从表 4－9 可知，R_i 与 $Growth\_EPS_i$、EPS_old_i 正相关，尽管后者没有统计显著性，这与 Ohlson（1995）收益模型一致。同时，R 与 $TAXEXP\_R_i$ 显著负相关，与预期符号一致，初步说明了“锚定效应”的存在。再者，由于每股收益的增长直接与上年收益、当年收益和当年的所得税费用有关，因

此，$Growth\_EPS_i$ 与 $TAXEXP\_R_i$、EPS_old_i 显著相关，就不难理解。

表4-9 变量的 Pearson 相关系数

	R_i	$Growth\_EPS_i$	$TAXEXP\_R_i$	EPS_old_i	$Delta\_BV_i$	$Delta\_EPS_i$
$Growth\_EPS_i$	0.225**	1.000				
$TAXEXP\_R_i$	-0.568***	-0.134***	1.000			
EPS_old_i	0.027	0.288***	-0.080**	1.000		
$Delta\_BV_i$	0.070**	0.254	-0.146***	0.041	1.000	
$Delta\_EPS_i$	-0.020	0.060*	-0.075**	0.288***	0.814***	1.000

注：***，** 和 * 分别表示在1%，5%和10%的水平下显著（双尾）。变量定义同前。

（6）回归结果。从表4-10的回归结果可以看出：

①$Growth_EPS_i$ 的系数显著为正，与预期符号一致；而 EPS_old_i 显著为负，与预期符号相反。这与 Ohlson（1995）收益模型的预期符号不符，也说明了在我国股票市场上，由于投资者具有短期投资偏好以及市场的不成熟，投资者更倾向于短期收益增长快的股票，从而导致当期每股收益的增长对股票回报的解释力更大。

②$TAXEXP_R_i$ 在1%水平上与股票回报 R_i 显著相关，表明：第一，利润表中的所得税费用信息，不论是资产负债表债务法下还是递延法、利润表债务法下的所得税费用，都具有解释股票回报的信息含量，投资者关注企业的所得税费用信息。验证了假设 H_{1b}。第二，$TAXEXP\_R_i$ 的符号为负，与预期一致，而且具有统计显著性，也验证了我国股票市场中“锚定效应”的存在。

③各变量的 VIF 值均小于4，说明变量间不存在严重的多重共线性。

表 4－10 资产负债表债务法相比递延法和利润表债务法下所得税会计信息的增量信息含量检验之二：利润表信息检验回归结果

解释变量	预期符号	系数	T 值	VIF
截　距	?	5.065	6.01	—
$Growth\_EPS_i$	+	8.304 *	1.99	1.54
$TAXEXP\_R_i$	－	－5.643 ***	－3.09	1.24
EPS_old_i	+	－8.351 *	－1.82	1.29
$Delta\_BV_i$	－	－2.773	－0.97	3.73
$Delta\_EPS_i$	－	25.571	1.01	3.85
Adj R^2	0.352			
F 值	4.370 ***			
样本量	32			

注：***，** 和 * 分别表示在 1%，5% 和 10% 的水平下显著（双尾）。变量定义同前。

4.3.3 基本结论

基于对资产负债表债务法与递延法、利润表债务法下所得税费用和信息质量的理论分析，结合 Guenther 和 Sansing（2000）对递延所得税资产/负债估值的论证，分析了资产负债表债务法下递延所得税资产和负债以及所得税费用，相比递延法和利润表债务法下的递延借项和贷项以及所得税费用，更能提供投资者决策有用的信息。为提供经验证据，鉴于 Ohlson 模型的优点和广泛应用，采用该模型作为基本模型，加入所得税信息的解释变量，设计了检验模型；并从资产负债表和利润表涉及的主要所得税会计信息两个方面考虑，选取 2006 年采用纳税影响会计法的沪深两市的 A 股公司作为样本，通过采用配比样本的方法进行检验。表4-6和表4-10显示的检验结果表明，资产负债表债务法相比递延法、利润表债务法，所生成的所得税会计数据有增量信息含量，即验证了假设H_1。

4.4 资产负债表债务法相比应付税款法下所得税会计信息的增量信息含量检验

4.4.1 研究假设

H_2：资产负债表债务法相比应付税款法，所生成的所得税会计数据具有增量信息含量。

4.4.2 检验模型

由于应付税款法下不确认递延税款借项或贷项的资产负债表项目，因此，本节从利润表的所得税费用角度来检验资产负债表债务法相比应付税款法的增量信息含量①。所用模型与检验资产负债表债务法相比递延法、利润表债务法下所得税费用的增量信息含量的模型一致，详见模型（2），变量定义见表4-7。

4.4.3 样本选择

样本选择情况见表4-11。

① 针对我国绝大部分A股上市公司在新准则前采用应付税款法的事实（2006年占总上市公司总数的99.7%），对于由应付税款法改为资产负债表债务法，资产负债表中新增加的递延所得税资产和负债体现的增量信息含量的检验，见本书第五章："合并报表和母公司报表中递延所得税的信息含量检验"。

表 4-11 样本选择

非金融业总样本	1351
剔除所得税费用缺失的样本	337
剔除收益率缺失的样本	108
有效样本	906

4.4.4 描述性统计

从表 4-12 可以看出，$Growth\_EPS_i$ 的最小值为负，均值为 0.019，说明 2006 年沪深两市基本每股收益的增长幅度仅为年报披露日股价的 2% 左右。同时，结合 EPS_old_i 最小值均为负，均值为 0.035，且呈左偏态，说明 2006 年沪深两市基本每股收益仅为年报披露日股价的 4% 左右。

表 4-12 变量的描述性统计

	R_i	$Growth\_EPS_i$	$TAXEXP\_R_i$	EPS_old_i	$Delta\_BV_i$	$Delta\_EPS_i$
最小值	-0.634	-0.593	0.084	-0.755	-0.283	-0.105
平均值	2.563	0.019	0.394	0.035	0.061	0.005
最大值	12.663	1.796	3.047	0.240	0.645	0.205
偏　度	1.819	6.778	4.369	-4.834	2.503	3.476
峰　度	8.642	85.241	53.744	54.096	11.800	45.967

4.4.5 Pearson 相关系数

从表 4-13 可知，R_i 与 $Growth\_EPS_i$ 和 $TAXEXP\_R_i$ 显著相关，且与预期符号一致，初步说明了我国资本市场是短期市场，以及资本市场对 2006 年财务报表存在的锚定心理，产生了“锚定效应”。其他变量见前文所述。

表 4-13　　变量的 Pearson 相关系数

	R_i	$Growth\_EPS_i$	$TAXEXP\_R_i$	EPS_old_i	$Delta\_BV_i$	$Delta\_EPS_i$
$Growth\_EPS_i$	0.221***	1.000				
$TAXEXP\_R_i$	-0.568***	-0.129***	1.000			
EPS_old_i	0.032	0.289***	-0.079**	1.000		
$Delta\_BV_i$	0.071**	0.020	-0.149***	0.037	1.000	
$Delta\_EPS_i$	-0.020	0.061*	-0.076**	0.278***	0.513***	1.000

注：***，** 和 * 分别表示在 1%，5% 和 10% 的水平下显著（双尾）。变量定义同前。

4.4.6　回归结果

从表 4-14 的回归结果可以看出：

（1）$Growth\_EPS_i$ 的系数显著为正，与预期符号一致；而 EPS_old_i 为负，与预期符号相反。但 $Growth\_EPS_i$ 在本组（见表 4-14）的系数 2.079 相比采用纳税影响会计法的样本组（见表 4-10）系数 8.304，小了 75% 左右；同时 EPS_old_i 在本组（见表 4-14）系数 -0.931 相比采用纳税影响会计法的样本组（见表 4-10）系数 -8.351，绝对值小了 85% 左右。这至少说明两点：第一，与采用纳税影响会计法的样本组一样，结果与 Ohlson（1995）收益模型不符，说明了在我国股票市场上，由于投资者具有短期投资偏好以及市场的不成熟，投资者更倾向于短期收益增长快的股票，从而导致当期每股收益的增长对股票回报的解释力更大。第二，与采用纳税影响会计法的样本组（模型 2，见表 4-10）相比，采用应付税款法的样本组在解释 Ohlson（1995）收益模型上变量系数显著偏小，解释力不足，原因主要可能在于采用纳税影响会计法的样本组具有规模效应（盖地等，2005），收益水平和企业规模的相关性很大，也比较符合我国上市公司的实际情况。

（2）$TAXEXP_R_i$的符号与预期一致，而且在1%水平上与股票回报R_i显著负相关，表明：第一，资产负债表债务法和应付税款法下的所得税费用信息均具有解释股票回报的信息含量，市场会对所得税费用作出反应。验证了假设H_2。但$TAXEXP_R_i$在本组（表4-14）系数-4.385相比采用纳税影响会计法的样本组（表4-10）系数-5.643，小了20%多，说明在解释收益水平上，应付税款法相比递延法、利润表债务法其信息含量要低。第二，$TAXEXP_R_i$的符号为负，与预期一致，也验证了我国股票市场中“锚定效应”的存在。

表4-14 资产负债表债务法相比应付税款法下所得税会计信息的增量信息含量检验回归结果

解释变量	预期符号	系数	T值	VIF
截 距	?	4.292***	40.81	—
$Growth\_EPS_i$	+	2.079***	5.85	1.110
$TAXEXP\_R_i$	-	-4.385***	20.16	1.040
EPS_old_i	+	-0.931	1.34	1.200
$Delta\_BV_i$	-	0.406	0.79	1.410
$Delta\_EPS_i$	-	-6.929**	-2.27	1.500
Adj R^2	0.349			
F值	97.820***			
样本量	906			

注：***，**和*分别表示在1%，5%和10%的水平下显著（双尾）。变量定义同前。

（3）各变量的VIF值均小于2，说明不存在多重共线性问题。

总之，回归结果表明，资产负债表债务法相比应付税款法，其所得税费用有增量信息含量。

4.5　递延法和利润表债务法相比应付税款法下所得税会计信息的增量信息含量检验

4.5.1　研究假设

H_3：递延法、利润表债务法相比应付税款法，所生成的所得税会计数据有增量信息含量。

4.5.2　检验模型

对于模型设定，由于在 2006 年上市公司仍然执行《企业会计制度》（2001），企业的所得税会计核算可以在应付税款法、递延法和利润表债务法 3 种方法中进行选择，因此，除了在 Ohlson（1995）收益模型中加入所得税费用解释变量外，还要加入控制所得税会计方法的虚拟变量来构建模型。模型如下，变量定义见表 4－15：

$$R_i = \beta_0 + \beta_1 GrowthEPS_i + \beta_2 EPS\_old_i + \beta_3 TAXEXP_i + \beta_4 Method\_Dum_i + \beta_5 TAXEXP_i \cdot Method\_Dum_i + \beta_6 GrEPS\_Dum_i + \varepsilon_i \quad (8)$$

表 4－15　　变量定义

被解释变量			
变量标识	变量名称	预期符号	变量定义
R_i	年度股票回报		公司在 2006 年 5 月至 2007 年 4 月的年度收益率，依据考虑分红的月度收益率计算得出

续表

解释变量			
变量标识	变量名称	预期符号	变量定义
$GrowthEPS_i$	基本每股收益的增长	+	公司按 ASBE（2001）核算的 2006 年相比 2005 年基本每股收益的增长，用 2006 年 4 月最后一个交易日的收盘价平减
EPS_old_i	基本每股收益	+	公司按 ASBE（2001）核算的基本每股收益，用 2006 年 4 月最后一个交易日的收盘价平减
$TAXEXP_i$	所得税费用	+	公司 2006 年按 ASBE（2001）核算的所得税费用，用 2006 年 4 月最后一个交易日的收盘价平减
$Method\_Dum_i$	所得税会计方法	+	所得税会计方法的虚拟变量，当企业 2006 年采用纳税影响会计法时为 1，应付税款法为 0
$TAXEXP_i \cdot Method\_Dum_i$	交互项	+	所得税费用与所得税会计方法的交互项，目的是考察纳税影响会计法相对应付税款法的增量信息含量
$GrEPS\_Dum_i$	每股收益增长的虚拟变量	+	每股收益增长的虚拟变量，以剔除每股收益增长为负的噪声，当 2006 年 GrowthEPS >0 为 1，其他为 0

4.5.3　样本选择

有效样本 938 家，其中采用纳税影响会计法的有 32 家，采用应付税款法的有 906 家。

4.5.4　描述性统计

从表 4 - 16 可以看出，$Growth\_EPS_i$、EPS_old_i 和 $TAXEXP_i$ 的

最小值均为负，均值为 0.019、0.035 和 0.014，表明 2006 年沪深两市基本每股收益的增长幅度、基本每股收益和每股所得税费用仅为年报披露日股价的 2%、4% 和 1.4% 左右。但 $TAXEXP_i$ 的方差很大（0.015），几乎与均值相等，这与 96.6%（906/938）的样本采用应付税款法有关。

表 4－16　　变量的描述性统计

	R_i	$GrowthEPS_i$	EPS_old_i	$TAXEXP_i$	$Method\_Dum_i$	$TAXEXP_i \cdot Method\_Dum_i$	$GrEPS\_Dum_i$
最小值	－0.634	－0.593	－0.755	－0.008	0.000	－0.001	0.000
平均值	2.558	0.019	0.035	0.014	0.040	0.001	0.585
最大值	12.663	1.796	0.240	0.107	1.000	0.107	1.000
标准差	1.445	0.113	0.061	0.015	0.197	0.005	0.493
偏　度	1.823	6.786	－4.728	1.980	4.678	13.493	－0.344
峰　度	8.553	86.314	53.132	8.582	22.884	224.555	1.118

4.5.5　Pearson 相关系数

从表 4－17 可知，R_i 与 $Growth\_EPS_i$ 和 EPS_old_i 正相关，尽管后者没有统计显著性，这与 Ohlson（1995）收益模型一致；同时，R_i 与 $TAXEXP_i$ 正相关，与预期符号一致，初步证明了 Thomas 和 Zhang（2010）认为的所得税费用（应税所得）是企业经济利润的代理变量。再者，$Growth\_EPS_i$ 与 EPS_old_i 显著正相关，以及 EPS_old_i 与 $TAXEXP_i$ 显著正相关，都与指标计算的口径有关。

表 4－17　　　　变量的 Pearson 相关系数

	R_i	$GrowthEPS_i$	EPS_old_i	$TAXEXP_i$	$Method\_Dum_i$	$TAXEXP_i \cdot Method\_Dum_i$	$GrEPS\_Dum_i$
$GrowthEPS_i$	0.225***	1.000					
EPS_old_i	0.027	0.288***	1.000				
$TAXEXP_i$	0.014	0.044	0.446***	1.000			
$Method\_Dum_i$	－0.018	－0.004	0.026	0.043	1.000		
$TAXEXP_i \cdot Method\_Dum_i$	－0.014	0.005	0.091***	0.251	0.611***	1.000	
$GrEPS\_Dum_i$	0.176***	0.339***	0.263***	0.106	0.020	0.065**	1.000

注：***，** 和 * 分别表示在 1%，5% 和 10% 的水平下显著（双尾）。变量定义同前。

4.5.6　回归结果

由于采用纳税影响会计法的样本占总样本的 3.4%（32/938），导致数据结构不均衡。而一般的 OLS 回归倾向于追随特异值，为了避免特异值的影响，对该样本采取了稳健回归①。回归结果见表 4－18：

表 4－18　　纳税影响会计法相比应付税款法下所得税信息的增量信息含量检验回归结果

解释变量	预期符号	系数	T 值
截　距	?	2.109***	32.240
$GrowthEPS_i$	+	2.257***	6.510

① 稳健回归有多种，本书采用的是迭代再加权最小二乘法假设 Hubert 和 Tukey 双权数函数，并按 95% 高斯效率调整的方法，见 Lawrence Hamilton 著，郭志刚等译，《应用 STATA 做统计分析》，p. 209，重庆：重庆大学出版社，2008。

续表

解释变量	预期符号	系数	T 值
EPS_old_i	+	-2.431***	-3.480
$TAXEXP_i$	+	7.592***	2.690
$Method\_Dum_i$	+	-0.091	-0.360
$TAXEXP_i \cdot Method\_Dum_i$	+	-7.240	-0.810
$GrEPS\_Dum_i$	+	0.260***	3.290
F 值	12.71***		
样本量	938		

注：***，** 和 * 分别表示在 1%，5% 和 10% 的水平下显著（双尾）。变量定义同前。

从表 4 - 18 的回归结果可以看出：

（1）$Growth\_EPS_i$ 的系数显著为正，与预期符号一致；而 EPS_old_i 显著为负，与预期符号相反。这说明与前两组（表 4 - 10 和表 4 - 14）检验一致，结果与 Ohlson（1995）收益模型不符，再次表明我国投资者投机性较大，对短期效益比较关注，从而导致当期每股收益的增长在股票回报解释力方面更具信息含量。

（2）$TAXEXP_i$ 的符号与预期一致，而且在 1% 水平上与股价 R_i 显著相关，表明在 ASBE（2001）下利润表中的所得税费用信息，不论是递延法、利润表债务法还是应付税款法，都具有解释股票回报的信息含量。尤其是应付税款法下的所得税费用，尽管不包含递延所得税费用，可能不具有估价信息含量，但对股票回报仍具解释力，这与 Thomas 和 Zhang（2010）研究发现的所得税费用与股价正相关，且市场可能将应税所得作为经济利润的一个指标的结论一致。

（3）$TAXEXP_i \cdot Method\_Dum_i$ 的符号与假设相反，而且系数

不显著，没有充分表明纳税影响会计法（递延法和利润表债务法）相比应付税款法下所得税费用有增量信息含量，即没有验证 H_3。但这并不是完全拒绝 H_3，理论的分析已能提供部分证据，而且出现这种检验结果的最主要原因在于样本的分布不均衡，906∶32 的样本结构，使纳税影响会计法下（递延法和利润表债务法）所得税费用信息含量的效应，会绝大部分被应付税款法下所得税费用的信息含量稀释掉，其增量信息含量效应很难呈现统计显著性。

总之，由于样本量和样本结构无法克服的自然约束，纳税影响会计法相比应付税款法其所得税费用有增量信息含量的假设没有得到充分验证。但前文（3.2.2）对不同所得税会计方法下所得税会计信息质量的理论分析在一定程度上表明，纳税影响会计法（递延法和利润表债务法）相比应付税款法所生成的会计数据具有增量的信息含量。

4.6 本章小结

本章通过实证研究的方法，运用我国 2006 年沪深上市 A 股公司的样本数据，通过价格模型和收益模型来验证各种所得税会计方法下的会计信息含量。目的是试图回答两个研究问题：（1）资产负债表债务法相对其他所得税会计方法，所生成的会计数据是否有增量的信息含量？（2）已有的所得税会计方法的演进从信息含量的角度看其逻辑和路径是否合理？能否为我国所得税会计准则的改革与完善提供经验证据？

选择 2006 年作为样本年份，主要由于 2007 年 1 月 1 日起我国开始实施新企业会计准则，而新准则的 CAS 18 要求上市公司对所得税核算统一采用资产负债表债务法，但 2001—2006 年上市公司按 ASBE（2001）要求对所得税的核算可以选择应付税款法或纳税影响会计法中的递延法和利润表债务法，而按照监管要求，且为了方便上市公司 2007 年编制比较报表，上市公司 2006 年年报要同时提供基于资产负债表债务法和基于 ASBE（2001）的所得税会计信息，这为检验 4 种所得税会计方法下的会计信息含量，以及检验我国所得税会计方法演进路径的合理性提供了自然实验的机会。样本数据来自 CASMAR 和聚源数据库中 2006 年沪深两市非金融行业的 A 股公司。

以理论分析和文献分析为依据，在模型设定上，基于 Ohlson（1995）价格模型和收益模型构建了各种检验模型。在具体分析时，从资产负债表和利润表涉及的基本所得税会计信息两个角度检验。实证结果发现：第一，资产负债表债务法相对于递延法、利润表债务法，所生成的会计数据具有增量信息含量，包括价格模型和收益模型；第二，资产负债表债务法相对于应付税款法，所生成的会计数据也有增量信息含量。可见，研究结果回答了本章的两个研究问题，即在我国，资产负债表债务法相比应付税款法、递延法和利润表债务法，所生成的会计数据有增量信息含量；我国所得税会计方法从应付税款法、递延法和利润表债务法演进到新准则的资产负债表债务法，从坚持决策有用性目标，以提高会计信息含量的角度看，是合理的。

同时，实证结果验证了 4 个重要结论：第一，验证了 Ohlson（1995）价格模型对我国股票市场有解释力，与陈丽花等（2009）、王鹏等（2009）的研究结论一致。第二，Ohlson（1995）收益模型检验表明，我国资本市场是一个短期市场，投资者追逐短期收益的投机性很强，市场和投资者都不成熟。第三，我国股票市场存在股价定价的“锚定效应”，与许年行等（2007）的发现一致。第四，Thomas 和 Zhang（2009）的研究发现，所得税费用与股价正相关，且市场可能将应税所得作为经济利润的一个指标，这一观点在我国市场也得到了验证。

第5章 合并报表和母公司报表递延所得税的信息含量检验（过渡期：2007—2009）

本章研究财务报告中所得税会计信息的影响因素之二：合并报表的列报模式，对资产负债观下报表的重心——资产负债表中的递延所得税资产和负债的信息含量的影响。通过实证检验，为我国合并报表“双重披露制”下递延所得税资产和负债的信息含量提供经验证据；同时，也为我国“双重披露制”列报模式的合理性以及我国 CAS 18 采用资产负债表债务法的实施效果提供经验证据。

5.1　研究问题界定

自企业集团开始对外提供合并财务报表以

来，对于母公司报表的取舍，在理论界和实务界一直存在争议，并形成了"单一披露制"和"双重披露制"这两种关于合并财务报表的不同披露制度。由于合并报表编制过程中的调整、归并以及加总等技术会导致一定程度的信息遗失（Pendlebury，1980；Francis，1986），从而导致投资者对合并报表和母公司报表会计信息理解上的系统性偏差，因此，只关注合并报表信息，很可能导致估值决策的偏差；并且，这种偏差，在母公司对子公司长期股权投资采用权益法核算时并不严重，但新的IAS和CAS要求母公司对子公司投资的会计处理采用成本法，可能会扩大这种偏差，当然这有利于优化合并财务报表和母公司报表的分工和作用。因此，对于所得税会计信息来讲，这种影响必然存在。

迄今为止，关于所得税会计的研究，尤其是关于所得税会计信息含量的研究，主要是基于美国资本市场的理论和实证研究。但是此类研究的结论，是否对我国有直接的借鉴意义，还有待考察。第一，对子公司长期股权投资核算存在差异。美国的APB No. 18《普通股投资会计处理中的权益法》，要求对子公司投资采用权益法，而我国CAS 2《长期股权投资》要求对子公司投资采用成本法。第二，合并财务报表的披露模式存在差异。在美国，母公司只需对外提供合并财务报表，即采用"单一披露模式"，而在我国母公司除提供合并财务报表外，还要提供母公司的个别财务报表，即采用"双重披露制"。第三，关于纳税方式存在差异。美国《国家税收法》规定，只要符合关联集团（Affiliated Group）定义的，都可以合并纳税；而我国2009年以前经国家税务总局批准的企业集团可以合并纳税[①]，大约有106家的中央企业，其他则为母子公司分别纳税。显然，对于所得税会计信息含量来讲，除了合并财务报表披露模式的“单一披露制”和“双重披露制”的差异外，还有一些所得税制的差异，我国所得税会计信息含量有其自身的特殊性。当然，所得税信息包括资产负债表信息和利润表信息，本章只研究资产负债表递延所得税资产（以下简记为DTA）和递延所得税负债（以下简记为DTL）的信息含量。

对资产负债表来说，其本质是提供权益估值（或终止经营的估价）或签订契约的信息（Holthausen and Watts，2001）。许多实证研究也认为，资产负债表的目的在于权益估值。如估值的资产负债表模型（Balance Sheet Model，BSM）认为，权益的市场价值等于资产的市场价值减去负债的市场价值（Barth，1992）；而著名的Ohlson（1995）、Feltham和Ohlson（1995）模型则认为，股价是权益账面价值和盈余的线性函数。但从资产负债表的演进来看，法律和制度也会影响它的格式和内容。所得税法规就是其中最重要的一项。资产负债表中的DTA和DTL就是在会税分离模式下，采用资产负债表债务法所形成的报表项目。DTA和DTL的估值的信息含量已有理论和实证支持，但是大多数研究是基于美国资本市场的研究，其合并财务报表的“单一披露制”和合并纳税的事实，使企业集团作为报告主体和法律主体是一致的。这与我国合并财务报表“双重披

① 《财政部 国家税务总局关于试点企业集团缴纳企业所得税有关问题的通知》（财税〔2008〕119号）规定：为确保《中华人民共和国企业所得税法》（以下简称“新税法”）的平稳实施，根据新税法第五十二条规定，经国务院批准，对2007年12月31日前经国务院批准或按国务院规定条件批准实行合并缴纳企业所得税的企业集团，在2008年度继续按原规定执行。从2009年1月1日起，上述企业集团一律停止执行合并缴纳企业所得税政策。

露制”以及报告主体与法律主体的非一致性制度现状形成鲜明对比，制度的约束使此类集中在合并报表信息上的研究，缺失对母公司报表中 DTA 和 DTL 的信息含量以及合并—母公司报表 DTA 和 DTL 差异的信息含量研究。因此，研究我国“双重披露制”下合并报表和母公司报表 DTA 和 DTL 的信息含量，不仅能够弥补已有研究的局限，而且能够重新审视已有研究结论对我国的解释力。

因此，基于我国母、子公司分别纳税和“双重披露制”的实际，对于资产负债表中所得税会计信息含量，至少要研究以下问题：（1）合并报表和母公司报表中的 DTA 和 DTL 是否具有估值的信息含量？（2）如有，那么合并报表相比母公司报表，其 DTA 和 DTL 是否具有估值的增量信息含量？本章的研究目的在于通过对合并报表与母公司报表中 DTA、DTL 信息含量的检验与比较，来分析我国有别于美国“单一披露制”下 DTA 和 DTL 的定价机制，弥补已有研究文献在某种合并纳税和合并报表前提下研究结论的局限性，也为我国“双重披露制”的评价以及财务报告准则的改革提供经验证据。

5.2 研究设计

5.2.1 研究假设

对于所得税会计数据来讲，在母公司报表中，需要比较资产、负债的账面价值与其对应的计税基础，对于符合条件的暂时性差异，要确认 DTA 或 DTL，并在大多数情况下相应确认递延所得税费用。在合并财务报表中，则需要从合并的角度考虑

DTA 或 DTL 的确认和计量，一般情况下，需要对母、子公司个别财务报表的 DTA 和 DTL 进行调整，并相应调整递延所得税费用。母公司报表和合并报表所得税会计数据的基本情况，见表 5 - 1。

表 5 - 1　合并报表和母公司报表 DTA、DTL 和所得税费用及差异分析

	母公司报表	合并报表	差异
递延所得税资产和负债	母公司的 DTA、DTL	经调整后母、子公司的 DTA、DTL 合计	1. 子公司内部交易抵销调整后的 DTA、DTL 2. 合并程序的调整： （1）同一控制下母、子公司统一会计政策、会计期间调整产生的 DTA、DTL （2）非同一控制下按子公司可辨认净资产公允价值调整账面价值产生的 DTA、DTL （3）内部交易抵销调整产生的 DTA、DTL 3. 非同一控制下合并商誉后续计量（如减值）形成的 DTA
所得税费用	母公司的所得税费用	经调整后母、子公司所得税费用的合计	1. 子公司调整后的所得税费用 2. 母、子公司合并程序对 DTA、DTL 的调整形成的递延所得税费用

根据已有文献和 4.2.1 的理论分析，提出假设 1：

H_1：合并报表的 DTA 和 DTL 有估值的信息含量。

原因在于市场在估值时，更多关注的是合并报表信息，因为其提供的是经济主体整体的财务状况和经营成果，而且在会计及财务学术研究中主要使用合并报表信息已经成为惯例（陆正飞、张会丽，2009）。而对母公司报表，市场更多关注的是股利分配[①]和偿债能力，因为其提供的是法律主体的财务状况和经营成果。对于所得税信息来讲，由于合并报表已反映了母、子公司经过合并程序后的 DTA 和 DTL，但母公司报表的 DTA 和 DTL 包含有母公司本身内部交易的所得税信息，从市场充分运用各种信息的角度来看，母公司的 DTA、DTL 也应该有信息含量，但从母公司报表的分工和作用来看，对其完全定价的可能性不大。因此，提出假设 2：

H_2：母公司报表的 DTA 或 DTL，或共同，有估值的信息含量。

由于新 CAS 下母公司对子公司投资采用成本法核算，使合并报表与母公司报表的分工进一步明确，也使子公司的信息得以释放，从而增加了合并报表以外的额外信息，市场会利用一切渠道的信息，当然也会利用这种差异信息进行定价决策，因此，提出假设 3：

H_3：合并—母公司报表的 DTA 差异和 DTL 差异有估值的信息含量。

同时，因为我国新 CAS 下合并报表的编制从母公司理论转为实体理论，能够充分反映企业集团的财务状况和经营成果，因此，提出假设 4：

H_4：合并报表相比母公司报表对估值有相对和增量信息含量。

H_{4a}：合并报表相比母公司报表对估值有相对信息含量。

---

① 尽管对于上市公司的分红究竟应当基于合并报表的净利润还是母公司报表的净利润仍有争议，但依据财会函 2000 年 7 号文《关于编制合并会计报告中利润分配问题的请示的复函》，更多的公司选择以母公司报表为依据；而且新准则将母公司对子公司投资的会计处理方法由权益法改为成本法，也有防止母公司垫支分红的目标（陆正飞、张会丽，2010）。

H_{4b}：合并报表相比母公司报表对估值有增量信息含量。

5.2.2　模型设定

为了使研究结果具有稳健性，本章实证检验通过混合横截面数据和面板数据两种分析方法进行。模型设定的基本思路是：第一，对于 H_1 和 H_2，即 DTA 和 DTL 在定价中的信息含量和合并—母公司 DTA 和 DTL 差异的信息含量，通过在 Ohlson（1995）价格模型的基础上，分别加入资产负债表中的 DTA 和 DTL 变量和合并—母公司 DTA 和 DTL 差异变量，同时控制其他相关变量；第二，对于 H_3，则是直接通过用 Vuong 检验对比合并报表和母公司报表对 DTA、DTL 的拟合效果。对于各模型的设定，见各检验的具体分析。

5.2.3　样本期间与数据来源

由于我国 2007 年开始实施新准则，CAS 18 改变了以往 ASBE（2001）下应付税款法、递延法和利润表债务法多种方法并存的做法，将所得税会计方法统一为资产负债表债务法。这种资产负债观下的所得税会计方法，更有利于检验所得税会计信息含量；同时，合并报表理论和对子公司投资核算方法的改变，使得合并报表和母公司报表分工更加明确，检验不同报表信息含量也更加直接和具有说服力。因此，样本期间选择为 2007—2009 年。所有样本数据来自 CSMAR 和聚源数据库。

样本选择、样本年度和行业分布，见表 5－2、表 5－3 和表 5－4：

表 5－2　　样本选择

非金融类 A 股总样本	4652
相关数据不全的公司	
其中：合并报表 DTA 和 DTL 数据缺失的	13
母公司 DTA 和 DTL 数据缺失的	3460
其他数据缺失的	2
合并和母公司每股收益小于 0	120
有效样本：	1057

表 5－3　　样本的年度分布

年份标识	公司数（家）	频数	累计频数
2007	394	37.28%	37.28%
2008	316	29.9%	67.17%
2009	347	32.83%	100%
合计	1057	100%	—

表 5－4　　样本的行业分布

行业名称	行业代码	公司数（家）	频数	累计频数
农林牧渔业	A	10	0.95%	0.95%
采掘业	B	43	4.07%	5.01%
制造业	C	536	50.71%	55.72%
电力、煤气及水的生产和供应业	D	44	4.16%	59.89%
建筑业	E	32	3.03%	62.91%
交通运输、仓储业	F	57	5.39%	68.31%
信息技术业	G	64	6.05%	74.36%
批发和零售贸易	H	116	10.97%	85.34%
房地产业	J	68	6.43%	91.77%
社会服务业	K	31	2.93%	94.7%
传播与文化产业	L	7	0.66%	95.36%
综合类	M	49	4.64%	100%
合计	—	1057	100%	—

5.2.4 合并报表和母公司报表 DTA 和 DTL 的基本描述

（1）DTA 和 DTL 的年度与行业基本统计。对于合并报表和母公司报表 DTA 和 DTL 总额的年度和行业分布，见图 5-1。

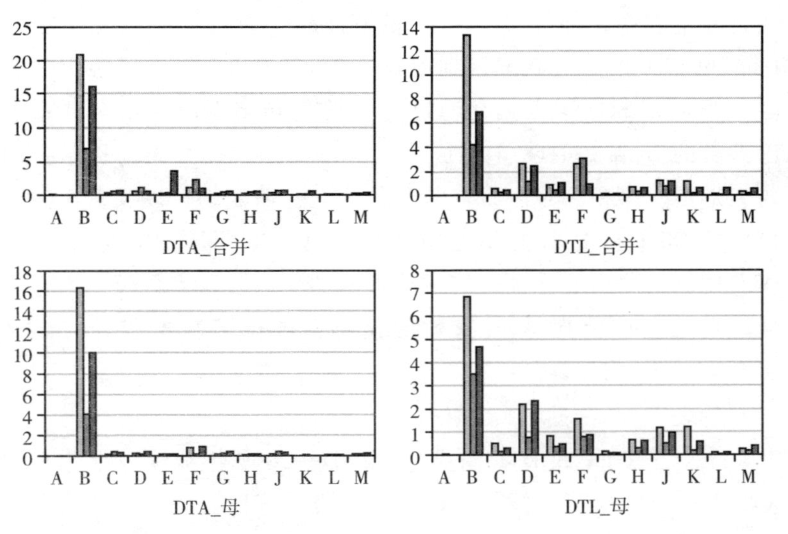

图 5-1 DTA 和 DTL（均值）2007—2009 年与行业基本统计（单位：亿元）

从图 5-1 可见：①从年度来看，合并报表和母公司报表 DTA 和 DTL 平均值三年在几乎所有行业，交通运输、仓储业（F）除外，均呈“V”形分布，在 2008 年出现下降的原因主要是 2008 年起开始实施新《企业所得税法》，基本税率由原来的 33% 下降到 25%。②从行业来看，采掘业（B）各年平均的 DTA 和 DTL 的额度最大，而农林牧渔业（A）的额度最低，原因主要是采掘业是高投入行业，资产规模大，而农林牧渔业主要是生物资产，资产规模相比小得多。

（2）合并报表 DTA 和 DTL 的成分分析。对于不同性质的 DTA 和 DTL，其预期转回数和转回期各不相同，对企业价值的影响也各不相同。在我国会计报表中，对于 DTA 和 DTL 的具体组成并没有列报，而是在报表附注中进行自愿披露，并且主要是在合并报表中，而非母公司报表中披露。为分析我国上市公司 DTA 和 DTL 的成分状况，利用我国 2007—2009 年沪深两市非金融 A 股公司的披露数据，通过手工搜集和整理，根据合并报表已披露的 DTA 和 DTL 主要成分，对可抵扣亏损、固定资产折旧与无形资产摊销、金融资产与负债公允价值变动，以及资产减值形成的 DTA 和 DTL 的年度均值和中值、各成分占年度 DTA 和 DTL 比例的均值和中值、各成分披露的上市公司家数及占当年非金融类总上市公司 A 股家数的比例，进行了基本统计。详见表 5－5。

从表 5－5 可见：

①对于 DTA 和 DTL 的成分，2007—2009 年沪深两市非金融 A 股上市公司主要披露了以前年度形成的可抵扣的亏损、固定资产折旧和无形资产摊销、金融资产与负债公允价值变动和资产减值（包括存货跌价、坏账准备和长期资产减值）4 项内容，而且主要是在合并报表附注中披露，母公司报表附注中披露得很少。

②在披露家数上，首先，披露资产减值形成的 DTA 和 DTL 项目的家数最多，3 年分别为 1216（1150＋66）、1310（1290＋20）和 1466（1439＋27）家，占上市公司非金融类 A 股总数的 78.6%（74.24%＋4.26%）、80.57%（79.34%＋1.23%）和 83.15%（81.62%＋1.53%），逐年呈递增趋势。其次，披露金融资产和负债公允价值变动形成的 DTA 和 DTL 的家数，占当年非金融 A 股上市公司总数的比例分别为 29.76%（3.10%＋26.66%）、30.76%（10.15%＋20.66%）和 29.10%（6.52%＋

表 5-5　　合并报表 DTA 和 DTL 成分的基本统计　　单位：元

		2007 年			2008 年			2009 年		
		均值	中值	家数	均值	中值	家数	均值	中值	家数
DTA	可抵扣亏损	1.75e+07	2373862	136	1.46e+07	2336867	255	2.82e+07	3000000	225
		24.03%	10.63%	8.78%	19.00%	9.11%	15.68%	21.83%	11.40%	12.76%
	折旧和摊销	6938889	1062202	116	4374357	878794.6	148	9496852	835681.5	172
		17.88%	5.77%	7.49%	13.11%	3.40%	9.10%	12.77%	3.86%	9.76%
	公允价值	1.07e+09	1453115	48	2.96e+07	718296.4	165	2.07e+07	262854	115
		13.44%	5.54%	3.10%	13.82%	3.46%	10.15%	9.23%	0.75%	6.52%
	资产减值	4.41e+08	3949405	1150	6.58e+07	4513642	1290	6.77e+10	4030242	1439
		26.33%	15.51%	74.24%	27.39%	17.26%	79.34%	27.43%	17.58%	81.62%
	合计	81.68%	37.45%	93.61%	73.32%	33.23%	—	71.26%	33.59%	—
DTL	折旧和摊销	2.48e+08	2318121	96	5.20e+08	5125814	64	6.00e+08	4914430	70
		22.89%	9.38%	6.20%	24.66%	14.91%	3.94%	19.89%	9.04%	3.97%
	公允价值	1.32e+08	5563556	413	9.05e+07	2527204	336	5.96e+07	5843468	398
		20.08%	7.14%	26.66%	19.47%	8.96%	20.66%	17.76%	6.61%	22.58%
	资产减值	4.42e+07	993745.9	66	8.38e+07	1462776	20	7.77e+07	4439583	27
		13.17%	5.59%	4.26%	17.02%	6.44%	1.23%	23.23%	22.57%	1.53%
	合计	56.14%	22.11%	—	61.15%	30.31%	25.83%	60.88%	38.22%	—

注：2007—2009 年非金融类沪深两市公司数分别为 1549、1626 和 1763 家。

22.58%），基本在30%左右。最后，披露以前年度形成的可抵扣的亏损和固定资产折旧和无形资产摊销形成的DTA和DTL两项家数最少，年度披露家数占当年非金融A股上市公司总数的比例为10%—16%，尤其对于后者，3年平均披露的家数为222家。

③从对DTA和DTL的影响来看，已披露的4项成分总额度占DTA和DTL总额的绝大部分，对于DTA来说，3年的比例依次为81.68%、73.32%和71.26%；而对于DTL，3年的比例依次是56.14%、61.15%和60.88%，说明上市公司将形成DTA和DTL的成分按重要性原则进行了披露。

④从各种成分分别占DTA总额的比例来看，由于其形成DTA的性质不同，影响也不同。首先，资产减值是DTA最主要的成分，3年的平均比例为26.33%、27.39%和27.43%，平均比例接近30%。而固定资产折旧和无形资产摊销，作为解释暂时性差异形成的典型事项，3年的平均比例依次为17.88%、13.11%和12.77%，平均比例在15%左右，几乎只占资产减值形成的DTA的一半。其次，对于金融资产和负债公允价值变动形成的DTA，在2007—2008年，金融风暴发生的当期，比例较高，分别为13.44%和13.82%，而在2009年锐降到9.23%。最后，以前年度形成的可抵扣亏损形成的DTA占的比例也很高，仅次于资产减值，3年依次为24.03%、19.00%和21.83%。总之，资产减值占DTA的最大比例，导致DTA的质量不高。原因在于：第一，对流动资产减值的转回额和转回期不能够有效预测，从而对预期未来现金流造成极大的不确定性；第二，长期资产减值则一经确认不得转回的规定，造成市场对企业价值的悲观估计。

⑤从各种成分分别占DTL总额的比例来看，与DTA类似，由于性质的差异也造成比例各有差异。总体来讲，固定资产折旧和无形资产摊销、金融资产和负债公允价值变动和资产减值形成的

DTL分别占当年总DTL的比例基本都为15%—25%，其中固定资产折旧和无形资产摊销的比例3年几乎都为20%—25%，依次比例为22.89%、24.66%和19.89%；而公允价值变动的比例几乎都为15%—20%，3年比例依次为20.08%、19.47%和17.76%，呈逐年递减1%左右的趋势；对于资产减值来讲，呈逐年递增4%左右的趋势，分别为13.17%、17.02%和23.23%。

⑥以上对DTA和DTL各成分平均值的分析，与中值分析结论基本一致。

5.3 合并报表和母公司报表DTA和DTL的信息含量检验

5.3.1 研究假设

本节主要检验以下3个假设：

H_1：合并报表的DTA和DTL有信息含量。

H_2：母公司报表的DTA或DTL，或共同，有信息含量。

H_{4a}：合并报表相比母公司报表对估值有相对信息含量。

5.3.2 模型设定

为了检验合并报表、母公司报表DTA和DTL的信息含量，在Ohlson（1995）价格模型基础上，结合Ayers（1998）检验SFAS No. 109信息含量模型和Guenther和Sansing（2000）分析DTA和DTL价值的理论模型，设定检验模型。为进一步检验合并报表相比母公司报表有相对信息含量，在同一模型下，直接对比合并报表和母公司报表数据两个样本的回归结果，用Voung检验得出结论。为了保证研究结果的稳健性，采用了混合横截面数据和面板数据两种数据结构。因此，就有混合横截面数据模型和面板数据模型，具体如下：

模型 1：混合横截面数据模型

$$P_{i,t+1} = \beta_{k0} + \beta_{k1}BV_{it\_k} + \beta_{k2}EPS_{it\_k} + \beta_{k3}DTA_{it\_k} + \beta_{k4}DTL_{it\_k} + \sum \beta_{k5}Ind + \sum \beta_{k6}Year + \varepsilon_{it}$$

模型 2：面板数据模型

$$P_{i,t+1} = \beta_{k0} + \beta_{k1}BV_{it\_k} + \beta_{k2}EPS_{it\_k} + \beta_{k3}DTA_{it\_k} + \beta_{k4}DTL_{it\_k} + \varepsilon_{it}$$

其中，k = c 和 p，c 表示合并报表数据，p 表示母公司报表数据。β_{cj}表示合并报表估计得到的系数，β_{pj}表示母公司报表估计得到的系数，j = 0，1，…，6。ε_{it}为残差。各变量的含义见表 5－6。

表 5－6　　　　变量定义

被解释变量			
变量标识	变量名称	预期符号	变量定义
$P_{i,t+1}$	股价		会计年度 t 结束后 4 月最后一个交易日公司 i 的收盘价
解释变量			
变量标识	变量名称	预期符号	变量定义
BV_{it_k}	每股净资产	+	会计年度 t 年末公司 i 的每股净资产
EPS_{it_k}	每股基本收益	+	会计年度 t 年末公司 i 的每股基本收益
DTA_{it_k}	递延所得税资产	+	会计年度 t 年末公司 i 的每股递延所得税资产，等于递延所得税资产除以年末发行在外的普通股股数

续表

解释变量			
变量标识	变量名称	预期符号	变量定义
DTL_{it_k}	递延所得税负债	-	会计年度t年末公司i的每股递延所得税负债，等于递延所得税负债除以年末发行在外的普通股股数
Ind	年份	?	年份控制变量
Year	行业	?	行业控制变量，以我国证监会划分的一位代码表示，并剔除了金融业

符号预期：在价格模型上，如果合并报表和母公司报表具有信息含量，则合并报表和母公司报表的每股净资产、每股基本收益的回归系数应显著为正。对于 DTA 和 DTL 的信息含量，根据 Guenther 和 Sansing（2000）的分析，预期合并报表 DTA 系数显著为正，DTL 系数显著为负；对于母公司报表的 DTA 和 DTL，符号与合并报表一致，但系数个别或共同显著。

5.3.3 变量的描述性统计

合并报表和母公司报表变量的描述性统计，见表5－7。

表5－7　　变量描述性统计

		$P_{i,t+1}$	BV_{it_k}	EPS_{it_k}	DTA_{it_k}	DTL_{it_k}
合并报表（C）	最小值	3.560	0.400	0.001	0.000	0.000
	平均值	15.127	3.936	0.466	0.052	0.091
	最大值	138.000	23.940	4.420	0.686	5.409
	标准差	11.248	2.159	0.484	0.069	0.325
	偏　度	3.412	2.877	2.512	3.963	9.486
	峰　度	24.441	19.988	13.204	26.895	120.133

续表

		$P_{i,t+1}$	BV_{it_k}	EPS_{it_k}	DTA_{it_k}	DTL_{it_k}
母公司报表（P）	最小值	3.560	0.400	0.000	0.000	0.000
	平均值	15.127	3.933	0.413	0.037	0.091
	最大值	138.000	23.940	3.983	0.647	5.516
	标准差	11.248	2.161	0.454	0.052	0.335
	偏　度	3.412	2.868	2.912	3.787	9.355
	峰　度	24.441	19.916	15.764	27.815	117.165

从表5－7可知：（1）各变量合并报表和母公司报表各统计值非常接近，说明合并报表主要的信息仍然是母公司的，非控股权益的影响较小。（2）合并报表和母公司报表中DTA的最小值均为0，但均值分别为0.052和0.037，两者相差0.015，接近合并报表DTA总量的30%，而且合并报表DTA的标准差（0.069）比母公司报表（0.052）大，都说明了非控股权益波动的影响。（3）合并报表和母公司报表中DTL的最小值、均值相等，最大值、标准差、偏度和峰度非常接近，说明了3年中合并报表中的DTL几乎都是母公司确认的。

5.3.4 Pearson相关系数

合并报表和母公司报表变量间的相关系数，见表5－8。

表5－8　　变量的Pearson相关系数

		$P_{i,t+1}$	BV_{it_k}	EPS_{it_k}	DTA_{it_k}	DTL_{it_k}
合并报表	BV_c	0.567***	1.000			
	EPS_c	0.698***	0.582***	1.000		
	DTA_c	0.213***	0.309***	0.324***	1.000	
	DTL_c	0.041	0.513***	0.057*	0.020	1.000

续表

		$P_{i,t+1}$	BV_{it_k}	EPS_{it_k}	DTA_{it_k}	DTL_{it_k}
母公司报表	BV_p	0.567***	1.000			
	EPS_p	0.604***	0.503***	1.000		
	DTA_p	0.187***	0.221***	0.228***	1.000	
	DTL_p	0.033	0.509***	0.056*	0.009	1.000

注：***，** 和 * 分别表示在1%，5%和10%的水平下显著（双尾）。变量定义同前。

从表5-8可以看出，不管是合并报表还是母公司报表，P与BV、EPS和DTA显著正相关，与预期一致，说明DTA有估值的信息含量。而DTL的符号与预期相反，但没有显著性，有待回归模型进一步检验。同时，合并报表和母公司报表的BV与EPS、DTA、DTL显著相关，这主要是由于均是每股指标的计算口径。除此之外，其他变量没有相关性，不存在严重多重共线性。

5.3.5 回归结果

从表5-9回归结果可以看出：

（1）不论是混合横截面数据还是面板数据分析，合并报表和母公司报表 BV_{it}、EPS_{it} 的系数在1%水平显著为正，与预期一致，即与股价 $P_{it,t+1}$ 显著正相关，说明Ohlson（1995）估价模型在我国股票市场也得到验证，也与陈丽花等（2009）、王鹏等（2009）采用该模型对我国股票市场的研究结论一致。

（2）对于合并报表 DTA_{it_c} 和 DTL_{it_c} 的信息含量：①不论是混合横截面数据还是面板数据分析，合并报表的 DTA_{it_c} 系数均在5%水平以下显著，但符号与预期相反，即与股价 $P_{it,t+1}$ 显著负相关。造成这种结果的原因可能是，由于我国2007—2009年样本公司DTA成分中资产减值、金融资产和负债公允价值变动损益占当年总DTA的比重很大，3年比例依次为39.77%（13.44% +26.33）、41.21%（13.82% +27.39%）和36.66%（9.23% +27.43%），导致DTA质量不高，而市场能洞悉这种信息，正确地进行了股票定价。②对于合并报表DTL_{it_c}的信息含量，不论是混合横截面数据还是面板数据分析，DTL_{it_c}的系数均在1%显著为负，与预期一致。综合起来，合并报表的DTA_{it_c}和DTL_{it_c}在5%水平以下有显著的信息含量，验证了H_1，即合并报表的DTA_{it}和DTL_{it}有信息含量。

（3）对于母公司报表DTA_{it_p}和DTL_{it_p}的信息含量：①不论是混合横截面数据还是面板数据分析，母公司报表的DTA_{it_p}系数均不显著，而且符号也不一致，但在面板数据分析中DTA_{it_p}的符号与预期一致，但显著水平较低，为17%，总体说明市场对母公司报表DTA_{it_p}信息含量反应较弱；②在混合横截面数据和面板数据分析中，母公司报表$DTL_{i_p\ t}$分别在1%和15%水平显著为负，与预期一致。这些表明，市场对于母公司DTL_{it_p}有强的定价行为，而对DTA_{it}有弱的定价行为，说明市场趋于理性，对风险持谨慎态度，市场行为比较稳健。结合起来，验证了H_2，即母公司报表的DTA或DTL，或共同有信息含量。

（4）对于合并报表和母公司报表信息含量的比较，在混合横截面数据分析中，Vuong检验在1%水平显著为正，表明合并报表拟合效果显著优于母公司报表，验证了H_4，即合并报表相比母公司报表有相对信息含量；同时，在面板数据分析中，合并报表回归的总体R^2为0.549和0.472，而母公司报表数据回归的总体R^2为0.472，显著小于合并报表的拟合效果，也验证了H_{4a}。

（5）在面板数据分析中，采用固定效应模型还是随机效应模型，通过Hausman检验，不论是合并报表还是母公司报表χ^2

在1%水平显著为正，表明固定效应模型优于随机效应模型，因此，对合并报表和母公司报表回归均采用固定效应模型。

（6）在混合横截面数据分析中，各变量的VIF值均小于等于3，说明不存在多重共线性问题。

表5-9　合并报表和母公司报表DTA和DTL信息含量检验回归结果

解释变量	预期符号	混合横截面数据（模型1）				面板数据（模型2）	
		合并报表		母公司报表		合并报表	母公司报表
		系数	VIF	系数	VIF	系数	系数
截距	?	9.956***	—	8.382***	—	3.526***	6.950***
BV_{it_k}	+	1.912***	2.560	2.570***	2.100	2.172***	1.520***
EPS_{it_k}	+	11.666***	1.990	8.710***	1.600	9.581***	4.646***
DTA_{it_k}	+	-10.617***	1.640	-2.964	1.540	-10.046**	12.863 (p=0.164)
DTL_{it_k}	-	-5.962***	1.240	-7.906***	1.120	-6.394***	-2.137 (p=0.104)
Ind	?	已控制		已控制		—	—
Year	?	已控制		已控制		—	—
Adj R^2		0.583		0.535		总体：0.549	总体：0.472
F值		87.700***		72.360***		41.560***	30.05***
样本量		1057		1057		1057	1057
Vuong检验		Vuong Z-Statistic = 3.910***				—	—
Hausman检验		—				$\chi^2(4)$ = 67.49*** 固定效应模型	$\chi^2(4)$ = 67.59***
受约束F检验		F = 45.75***（合并报表，面板数据为优）				F = 45.75***（母公司报表，面板数据为优）	

注：***，**和*分别表示在1%，5%和10%的水平下显著（双尾）。变量定义同前。

总之，实证结果验证了 H_1、H_2和 H_{4a}，表明在我国沪深两市中，合并报表和母公司报表 DTA 和 DTL 数据有信息含量，而且合并报表相比母公司报表有相对信息含量。

5.4 合并—母公司报表 DTA 差异和 DTL 差异的信息含量检验

5.4.1 研究假设

H_3：合并—母公司报表的 DTA 差异和 DTL 差异有估值的信息含量。

H_{4b}：合并报表相比母公司报表对估值有增量信息含量。

5.4.2 合并—母公司报表 DTA 和 DTL 差异描述性统计

为了解合并—母公司报表 DTA 差异和 DTL 差异的整体及行业分布情况，本节对 2007—2009 年沪深两市 A 股上市公司合并—母公司报表 DTA 差异和 DTL 的差异进行了描述性统计。为直观起见，用相对数表示，其中：ΔDTA_R、ΔDTL_R 分别为合并—母公司报表 DTA 差异和 DTL 差异占当年合并报表中 DTA、DTL 的比例。具体见表 5 - 10。

从表 5 - 10 可见：

（1）从 3 年平均值来看，合并—母公司报表 DTA 和 DTL 差异分别平均占当年 DTA 和 DTL 的 41% 和 28%，说明子公司和合并程序产生的 DTA 和 DTL 的比例不容忽视，尤其是子公司 DTA 和 DTL 信息。

（2）从年份来看，合并—母公司报表 DTA 差异和 DTL 差异

表5-10　2007—2009年沪深A股上市公司合并—母公司报表DTA差异和DTL差异统计

行业	2007年		2008年		2009年		三年平均值	
	ΔDTA_R	ΔDTL_R	ΔDTA_R	ΔDTL_R	ΔDTA_R	ΔDTL_R	ΔDTA_R	ΔDTL_R
A	0.72	0.71	0.40	0.18	0.43	0.00	0.52	0.30
B	0.22	0.49	0.41	0.38	0.32	0.16	0.32	0.34
C	0.36	0.13	0.28	0.42	0.30	0.39	0.31	0.31
D	0.54	0.17	0.86	0.30	0.06	0.35	0.49	0.27
E	0.31	0.07	0.52	0.95	0.57	0.15	0.47	0.39
F	0.33	0.42	0.93	0.10	0.08	0.75	0.45	0.42
G	0.32	0.03	0.41	0.39	0.48	0.11	0.40	0.18
H	0.53	0.09	0.67	0.72	0.07	0.07	0.42	0.29
J	0.55	0.07	0.44	0.46	0.19	0.31	0.39	0.28
K	0.58	0.01	0.63	0.96	0.10	0.04	0.44	0.34
L	0.00	0.05	0.37	0.11	0.84	0.00	0.40	0.05
M	0.33	0.11	0.37	0.28	0.26	0.05	0.32	0.15
平均值	0.40	0.19	0.52	0.44	0.31	0.20	0.41	0.28
最大值	0.72	0.71	0.93	0.96	0.84	0.75	0.83	0.81
最小值	0.00	0.01	0.28	0.10	0.06	0.00	0.11	0.04

在3年中呈倒“V”形分布，在2008年最高，DTA差异和DTL差异分别达到52%和44%，而在2007年和2009年分别为40%、31%和19%、20%，这可能和2008年金融风暴的兴起、发作和衰退有关。

（3）从行业来看：①行业的DTA差异，农林牧渔业（A）DTA差异在3年平均最高，达到52%，这和该行业3年DTA总量接近0成鲜明对比（见图5-1），表明该行业资产的特殊性决定了其确认DTA的特殊性，有待进一步深入考察；而制造业

（C）和采掘业（B）DTA 差异在 3 年平均值处最后两位，分别为 31% 和 32%，这和制造业和采掘业资产规模投入大有很大关系。②行业的 DTL 差异，其中交通运输和仓储业（F）DTL 差异在 3 年平均最高，达到 42%，而传播和文化业（L）DTL 差异在 3 年平均最低，为 5%，这可能和行业的运营性质和资产特征有关。

5.4.3 模型设定

为了检验合并报表和母公司报表 DTA 差异和 DTL 差异的信息含量，在 Ohlson（1995）价格模型的基础上，结合 Ayers（1998）检验 SFAS109 信息含量模型、Guenther 和 Sansing（2000）分析 DTA 差异、DTL 差异的理论模型，以及陈丽花等（2009）检验 CAS 18 信息含量和陆正飞等（2009）检验合并—母公司盈余差异信息含量的模型，设定该检验模型。为了进一步检验合并报表和保证研究结果的稳健性，采用混合横截面数据和面板数据两种数据结构。因此，就有混合横截面数据模型和面板数据模型，具体如下：

模型 1：混合横截面数据模型

$$P_{i,t+1} = \beta_0 + \beta_1 BV\_p_{it} + \beta_2 EPS\_p_{it} + \beta_3 DIFF\_DTA_{it} + \beta_4 DIFF\_DTL_{it} + \beta_5 DIFF\_BV_{it} + \beta_6 DIFF\_EPS_{it} + \beta_7 \sum Ind + \beta_8 \sum Year + \varepsilon_{it}$$

模型 2：面板数据模型

$$P_{i,t+1} = \beta_0 + \beta_1 BV\_p_{it} + \beta_2 EPS\_p_{it} + \beta_3 DIFF\_DTA_{it} + \beta_4 DIFF\_DTL_{it} + \beta_5 DIFF\_BV_{it} + \beta_6 DIFF\_EPS_{it} + \varepsilon_{it}$$

模型中，β_0 为截距，β_1—β_6 为系数，ε_i 为残差。各变量的含义见表 5－11。

表 5-11　　变量定义

<table>
<tr><td colspan="4">被解释变量</td></tr>
<tr><td>变量标识</td><td>变量名称</td><td>预期符号</td><td>变量定义</td></tr>
<tr><td>$P_{i,t+1}$</td><td>股价</td><td></td><td>会计年度 t 结束后 4 月最后一个交易日公司 i 的收盘价</td></tr>
<tr><td colspan="4">解释变量</td></tr>
<tr><td>变量标识</td><td>变量名称</td><td>预期符号</td><td>变量定义</td></tr>
<tr><td>BV_p_{it}</td><td>母公司每股净资产</td><td>+</td><td>会计年度 t 年末公司 i 的母公司每股净资产</td></tr>
<tr><td>EPS_p_{it}</td><td>母公司每股基本收益</td><td>+</td><td>会计年度 t 年末公司 i 的母公司每股基本收益</td></tr>
<tr><td>$DIFF\_DTA_{it}$</td><td>合并—母公司每股递延所得税资产差异</td><td>+</td><td rowspan="4">依次为：会计年度 t 年末公司 i 的合并—母公司报表中每股递延所得税资产、每股递延所得税负债、每股净资产和每股基本收益差异，等于合并报表与母公司报表中每股递延所得税资产、每股递延所得税负债、每股净资产和每股基本收益之差。其中每股递延所得税资产和负债等于报表中递延所得税资产和负债除以年末发行在外的普通股股数</td></tr>
<tr><td>$DIFF\_DTL_{it}$</td><td>合并—母公司每股递延所得税负债差异</td><td>-</td></tr>
<tr><td>$DIFF\_BV_{it}$</td><td>合并—母公司每股净资产差异</td><td>+</td></tr>
<tr><td>$DIFF\_EPS_{it}$</td><td>合并—母公司每股基本收益差异</td><td>+</td></tr>
<tr><td>Ind</td><td>年份</td><td>?</td><td>年份控制变量</td></tr>
<tr><td>Year</td><td>行业</td><td>?</td><td>行业控制变量，以我国证监会划分的一位代码表示，并剔除了金融业</td></tr>
</table>

符号预期：在价格模型上，根据 Ohlson（1995）的分析和我国已有的实证研究结论，预期如果合并报表相比母公司报表具有增量信息含量，则母公司报表的每股净资产 BV_p_{it}、每股收益

EPS_p_{it}的回归系数应显著为正。对于所得税会计信息，则合并报表和母公司的递延所得税资产和负债的差异项系数 $DIFF\_DTA_{it}$、$DIFF_DTL_{it}$全部或部分显著，符号前者为正、后者为负。

5.4.4 描述性统计

各变量的描述性统计，见表 5－12。

表 5－12　　变量描述性统计

	$P_{i,t+1}$	BV_p_{it}	EPS_p_{it}	$DIFF\_DTA_{it}$	$DIFF\_DTL_{it}$	$DIFF\_BV_{it}$	$DIFF\_EPS_{it}$
最小值	3.560	0.400	0.000	－0.183	－0.353	－0.070	－2.194
平均值	15.127	3.933	0.413	0.015	0.000	0.003	0.053
最大值	138.000	23.940	3.983	0.608	0.496	2.18	1.881
标准差	11.248	2.161	0.454	0.049	0.042	0.073	0.232
偏　度	3.412	2.868	2.912	6.604	2.622	26.981	0.510
峰　度	24.441	19.916	15.764	70.017	45.806	770.852	25.009

从表 5－12 可以看出，$DIFF\_DTA_{it}$、$DIFF\_DTL_{it}$、$DIFF\_BV_{it}$、$DIFF_EPS_{it}$的最小值为负，均值分别为 0.015 和 0.000，而且均呈右偏态，表明从平均意义上合并—母公司报表每股 DTA 差异、DTL 差异、每股净资产和每股收益差异很小，绝大多数公司合并—母公司报表差异还是存在的，表明新准则下对子公司投资采用成本法，以及合并报表采用实体理论，使得合并报表和母公司报表分工进一步明确。

5.4.5 Pearson 相关系数

变量的相关系数，见表 5－13。

表 5-13　　变量的 Pearson 相关系数

	$P_{i,t+1}$	BV_p_{it}	EPS_p_{it}	$DIFF\_DTA_{it}$	$DIFF\_DTL_{it}$	$DIFF\_BV_{it}$	$DIFF\_EPS_{it}$
BV_p_{it}	0.567***	1.000					
EPS_p_{it}	0.604***	0.503***	1.000				
$DIFF\_DTA_{it}$	0.101***	0.199***	0.115***	1.000			
$DIFF\_DTL_{it}$	0.052*	-0.094***	0.089***	0.042	1.000		
$DIFF\_BV_{it}$	-0.020	-0.052*	-0.025	-0.002	0.011	1.000	
$DIFF\_EPS_{it}$	0.278***	0.231***	-0.118***	0.131***	0.097***	0.043	1.000

注：***，** 和 * 分别表示在1%，5%和10%的水平下显著（双尾）。变量定义同前。

从表5-13可以看出，BV_p_{it}、EPS_p_{it} 和 $DIFF\_DTA_{it}$ 与 $P_{i,t+1}$ 在1%水平显著正相关，与预期一致，说明合并—母公司报表的DTA差异和 $DIFF\_DTA_{it}$ 有估值的信息含量。而 $DIFF\_DTL_{it}$ 与 $P_{i,t+1}$ 虽然显著，但符号与预期相反，有待回归模型进一步检验；同时，BV_p_{it} 与其他解释变量显著相关，这与每股财务指标计算有关。是否存在严重的共线性问题，需要在回归中作进一步的共线性检验。

5.4.6　回归结果

从表5-14回归结果可以看出：

（1）不论是混合横截面数据还是面板数据分析，BV_p_{it}、EPS_p_{it} 的系数在1%水平上显著为正，与预期一致，即与股价 $P_{i,t+1}$ 显著正相关，再次验证了Ohlson（1995）估价模型在我国股票市场也有效，这与前文实证结果一致，也与陈丽花等（2009）、王鹏等（2009）的研究结论一致。

（2）对于合并—母公司报表DTA差异和DTL差异的信息含量：① $DIFF\_DTA_{it}$ 的系数在5%水平显著，但符号与预期相反，即与股价 $P_{i,t+1}$ 显著负相关。原因如5.3.4所述，主要是由于我国

DTA中资产减值和金融资产和负债的公允价值变动占较大部分，导致DTA质量不高，而市场能够洞悉这种信息并进行了定价。②对于 $DIFF\_DTL_{it}$ 的系数，在混合横截面数据分析中，符号与预期相反，且不显著；而在面板数据分析中，其符号与预期一致，而且在20%水平显著。而从模型设定受约束的F检验来看，即横截面数据和面板数据模型分析何者为优的检验，结果为 F = 59.000***，表明面板数据分析较优。这一定程度上表明，合并—母公司报表的DTL差异也还是具有一定的信息含量，尽管显著性水平较低。

表5-14　合并—母公司报表DTA差异和DTL差异信息含量检验回归结果

解释变量	预期符号	混合横截面数据（模型1）		面板数据（模型2）
		系数	VIF	系数
截距	?	12.723***	—	8.295***
BV_p_{it}	+	1.222***	1.680	0.945***
EPS_p_{it}	+	12.778***	1.700	7.121***
$DIFF\_DTA_{it}$	+	-8.624**	1.100	-15.184*
$DIFF\_DTL_{it}$	-	2.040	1.100	-8.652（p=0.184）
$DIFF\_BV_{it}$	+	-0.188	1.020	0.344
$DIFF\_EPS_{it}$	+	13.454***	1.240	7.722***
Ind	?	已控制		—
Year	?	已控制		—
Adj R^2		0.563		总体：0.519
F值		72.580***		28.41***
样本量		1057		1057
Hausman检验		—		$\chi^2(4)=72.62$***
				固定效应模型

注：***，**和*分别表示在1%，5%和10%的水平下显著（双尾）。变量定义同前。

结合起来，实证结果表明，合并—母公司报表的 DTA 差异和 DTL 差异有估值的信息含量，验证了 H_3。

（3）对合并报表相比母公司报表提供的增量信息含量。由于模型是基于母公司报表设定的，而通过 $DIFF\_DTA_{it}$、$DIFF\_DTL_{it}$ 和 $DIFF\_EPS_{it}$ 的系数显著非 0 可知，合并报表相比母公司报表有增量信息含量，验证了 H_{4b}，即合并报表相比母公司报表对估值有增量信息含量。

（4）在混合横截面数据分析中，各变量的 VIF 值均小于等于 2，说明不存在多重共线性。

5.5　本章小结

本章通过实证研究的方法，运用我国 2007—2009 年沪深两市上市 A 股公司的合并报表和母公司报表数据，来检验资产负债表中 DTA 和 DTL 对股票估值的信息含量，目的是解答本章两个研究问题：（1）合并报表和母公司报表中资产负债表中的 DTA 和 DTL 是否对股票估值有信息含量？（2）合并—母公司报表中 DTA 差异和 DTL 差异是否有股票估值的信息含量？以经验证据为依据，为我国“双重披露制”列报模式的合理性以及我国 CAS 18 采用资产负债表债务法的实施效果提供经验证据。

通过理论和文献的分析，在模型设定上，Ohlson（1995）、Ayers（1998）和陈丽花等（2009）模型构建了检验模型。在具体分析时，从混合横截面数据和面板数据两个角度进行检验，以增强结果的稳健性。研究结果表明：

（1）市场能够对资产负债表中 DTA 和 DTL 的信息进行分别定价，包括合并报表、母公司报表和合并—母公司报表差异 3 种信息。体现在 3 个变量 DTA、DTL、DIFF_DTA 和 DIFF_DTL 的回归系数均不相同，具体为：第一，DTA_{it}的系数。在混合横截面数据中，合并报表和母公司报表的 DTA_{it}系数分别为 -10.617 和 -2.964；在面板数据中，合并报表和母公司报表的 DTA_{it}系数为 -10.617 和 -2.964。第二，DTL_{it}的系数。在混合横截面数据中，合并报表和母公司报表的系数分别为 DTL_{it}为 -5.962 和 -7.906；在面板数据中，合并报表和母公司报表的系数分别为 DTL_{it} -6.394 和 -2.137。这两个结论验证了 H_1和 H_2，回答了研究问题一。第三，合并—母公司报表 DTA 和 DTL 差异的系数。对于 $DIFF_DTA_{it}$系数，在混合横截面和面板数据分析中，$DIFF_DTA_{it}$的系数分别为 -8.624 和 -15.184；而对于 $DIFF_DTL_{it}$系数，在混合横截面和面板数据分析中，$DIFF_DTL_{it}$的系数分别为 2.040 和 -8.652。这个结论验证了 H_3，回答了研究问题二。同时也表明，合并—母公司报表 DTA 和 DTL 差异，实际主要是子公司的 DTA 和 DTL 信息具有信息含量。

（2）检验均证明了合并报表相对母公司报表对估值有相对和增量信息含量，验证了 H_4。

总之，市场会对合并报表和母公司报表中 DTA 和 DTL，以及合并—母公司报表 DTA 差异和 DTL 差异信息（主要是子公司 DTA 和 DTL 信息）进行定价，表明资产负债表中所得税会计信息有信息含量。

第6章 合并报表与母公司报表所得税费用的信息含量检验（过渡期：2007—2009）

本章研究财务报告中所得税会计信息的影响因素之二：合并报表的列报模式，对利润表中所得税费用的信息含量的影响。通过检验我国合并报表“双重披露制”下所得税费用对股票回报的信息含量，也同时从利润表视角再次检验“双重披露制”列报模式的合理性，以及我国 CAS 18 采用资产负债表债务法的实施效果，从而与前文关于资产负债表中所得税会计信息的信息含量的检验相呼应，为合并报表“双重披露制”下所得税会计信息的有用性提供进一步的证据。

6.1　研究问题界定

所得税会计处理的资产负债表债务法遵循

收益决定的资产负债观，是以资产负债表为重心的所得税会计方法。尽管在资产负债观下，利润表相比资产负债表处于次要地位，但利润表中的所得税费用信息仍具信息含量。原因在于，不管采用何种所得税会计方法，当期所得税费用的核算都必须遵循税收法规。Graham，Raedy 和 Shackelford（2010）认为，财务报表中的所得税信息相比净利润在解释当期股票回报和预测未来股票回报中有增量信息含量。

实际上，利润表信息对股票回报有解释力，会计盈余的确认相比资产确认的稳健性要求是一个主要原因。从世界范围来看，盈余信息的一个主要特征就是稳健性（Ball，Kothari and Robin，2000）。对盈余稳健性的要求，一个是契约要求，另一个是制度制约，尤其是所得税法。契约要求必须合理支付股东股利、管理者薪酬等，以保障债权人的债务支付。而税法制约，集中体现在对当期所得税费用的核算必须依赖税法原则，而非会计原则，从而使得所得税费用成为判定会计盈余质量的一个辅助指标，也使得税务部门可以通过会税差异的程度进行有效税收监管决策，Shackelford 和 Shevlin（2001）就认为，企业有将会计利润与应税所得保持一致报告的动机。如果所得税费用是应税所得的代理变量，那么在以盈余作为股票回报的解释变量模型中，如 Ohlson（1995）以及 Easton 和 Harris（1991），就能检验其信息含量。Thomas 和 Zhang（2010）就研究发现，当期所得税费用和递延所得税费用在所得税费用中的比例变动，与同期股票回报和未来盈余显著正相关，所得税费用中包含了税前利润及其成分没有包含的信息。

但是，有关所得税费用的信息含量的研究结论并不一致。Lipe（1986）研究发现，收入中的非预期变动与股价变动正相关，而费用的非预期变动，包括所得税费用，与股价变动负相关。Ohlson 和 Penman（1992）的研究却发现，所得税费用与股票回报正相关，并认为所得税费用的异常变动是一个“好”消息。对于高的所得税费用是一个“坏”消息，与股票回报负相关的观点和证据，结论是直观的和明确的。很明显，若两家公司有相同的税前利润，所得税费用少的一家净利润一定高，从而股票回报高，股票回报就与所得税费用的变动负相关。同理，有效税率，即所得税费用与税前收益的比率的异常变动，也被认为是“坏”消息（Schmidt，2006）。但是对于高的所得税费用是一个“好”消息，与股票回报正相关的证据，显得不是很直观，观点没有受到重视。如 Ohlson 和 Penman（1992）对股票回报与所得税费用正相关的关系并没有作出解释。而 Hanlon（2005）在研究应税所得相比会计收益的增量信息含量时，也发现了非预期应税所得是正的系数。但是，由于所得税费用不等于应税所得，因此，该结果并不能证明高的所得税费用是一个“好”消息。实际上，Lev 和 Thiagarajan（1993）就发现有效税率的变动与股票回报正相关，但有效税率不是采用所得税费用占税前利润的比率而是用所得税费用占企业总税负的比率；同时，作者没有把所得税费用与应税所得联系起来，认为是一个利润指标，而是认为有效税率的降低是一个“坏”信号，原因是低的有效税率可能导致盈余的低持续性和低质量。

可见，对于所得税费用的信息含量的研究，结论并不一致，从最早的“坏消息”结论到最近的“好消息”结论。同时，值得注意的是，这些研究都是基于美国合并报表的“单一披露制”和合并纳税制度下的所得税费用信息含量研究，隐含着特殊和一定的制度背景。因此，这些研究结论只有一定程度的借鉴意义，对于我国合并报表“双重披露制”以及母、子公司分别纳税的制度，其结论有待于进一步的检验。

综上所述，基于我国合并报表披露的“双重披露制”实际，对于资产负债表债务法下利润表中所得税费用的信息含量，本章至少要研究以下3个问题：（1）所得税费用是否对股票回报有信息含量？（2）当期所得税费用和递延所得税费用是否对年度股票回报有相同的信息含量？（3）合并报表和母公司报表的所得税费用差异（包括当期所得税费用差异和递延所得税费用差异），即主要是子公司的所得税费用信息，能否提供增量的信息含量？来分析我国有别于美国“单一披露制”下所得税费用的信息含量，弥补已有研究结论的局限性，为资产负债表债务法下利润表中所得税费用信息的使用和披露，以及合并报表的“双重披露制”提供经验证据；同时，也与前文有关资产负债表中所得税会计信息含量的分析相互补充，为我国资产负债表债务法下所得税会计信息含量提供了较全面的经验证据。

6.2 研究设计

6.2.1 研究假设

在收益决定的资产负债观下，是以资产负债表为重心的，而利润表则相比处于次要地位。尽管递延所得税费用是主要根据资产负债表中DTA和DTL的变动来确认，但当期所得税费用要根据税收法规的要求来确认。税法作为判定税前会计利润质量的外部治理机制，使应税所得在利润表中转化为所得税费用，相比税后利润对市场提供了稳健的、增量的会计信息。原因在于，一般应税所得相比会计利润的确认更注重实现原则，而非应计原则。同时，由表5－1可知，在合并报表采用实体理论和母公司对子公司投资的核算采用成本法后，合并报表和母公司报表在信息披露中的分工明确，互补性也进一步提升。因此，本章提出假设1：

H_1：合并报表和母公司报表的所得税费用对年度股票回报有信息含量。

同时，由于合并—母公司报表的所得税费用差异主要反映了子公司的所得税费用（见表5-1），而市场是会充分利用一切有用信息，因而提出假设2：

H_2：合并—母公司报表所得税费用差异对年度股票回报有信息含量。

再者，由于当期所得税费用是按当期应交所得税确认的，没有市场预期因素，而递延所得税费用主要是根据当期DTL和DTA的变动差异确认的，包含了市场预期因素，而投资者会根据预期进行股票估值决策，因此提出假设3：

H_3：合并报表和母公司报表的当期所得税费用对年度股票回报无信息含量，而递延所得税费用对年度股票回报有信息含量。

进一步，在我国市场上，由于国有股占主体地位，公司购并实质上是一个购并利益相关者多重利益均衡的博弈过程，公司购并利益相关者的利益均衡关系呈现复杂化，形成“购并公司股东损益之谜”（张宗新、季雷，2003）；同时，企业并购中也存在盈余管理行为（黄新建、段克润，2007）。主要出于以上原因，因此，市场非常关注企业子公司变动、资产状况、经营成果以及税负变动信息，提出假设4：

H_4：合并报表和母公司报表当期所得税费用差异和递延所得税费用差异对年度股票回报有信息含量。

最后，在信息含量上，由于合并报表按实体理论编制，比较能充分地包含了母公司信息和子公司信息，相比母公司个别报表在信息内容上更为完整，因此，提出假设5：

H_5：合并报表相对母公司报表对年度股票回报有相对和增量信息含量。

H_{5a}：合并报表相对母公司报表对年度股票回报有相对信息含量。

H_{5b}：合并报表相对母公司报表对年度股票回报有增量信息含量。

6.2.2 模型设定

为了使研究具有说服力，本章实证检验通过对混合横截面数据和面板数据进行分析。模型设定的基本思路是：第一，对于 H_1 和 H_2，即合并报表和母公司报表所得税费用和合并—母公司报表所得税费用差异在股票回报预测中的信息含量，结合 Ohlson（1995）收益模型、Thomas 和 Zhang（2010）所得税费用的估值模型，将所得税费用和合并—母公司报表的所得税费用差异作为主要解释变量，同时控制其他相关变量。第二，对于 H_3，则是将所得税费用按性质分为当期所得税费用和递延所得税费用，分别考察所得税费用两种成分在股票回报中的信息含量。第三，对于 H_4，则是对合并—母公司报表所得税费用差异按成分划分，实质主要是检验子公司当期所得税费用和递延所得税费用的信息含量，考察其相比母公司报表和合并报表的当期所得税费用和递延所得税费用，市场能否对其提供的子公司信息进行分别定价。第四，对于 H_5，则直接通过 Vuong 检验对比合并报表和母公司报表对所得税费用的拟合效果。对于各模型的设定，见各检验的具体分析。

6.2.3　样本期间与数据来源

如前文所述，样本期间选择为2007—2009年。所有样本数据来自CSMAR和聚源数据库。样本选择、样本年度和行业分布见表6-1、表6-2和表6-3：

表6-1　样本选择　单位：家

非金融类A股总样本	5922
相关数据不全的公司	
其中：年度股票回报数据缺失的	990
合并报表每股基本收益增长额数据缺失的	604
合并报表所得税费用数据缺失的	129
母公司报表所得税费用数据缺失的	723
其他数据缺失的	40
有效样本：	3436

表6-2　样本的年度分布

年份标识	公司数（家）	频数	累计频数
2007	1089	31.69%	31.69%
2008	1143	33.27%	64.96%
2009	1204	35.04%	100%
合计	3436	100%	—

表6-3　样本的行业分布

行业代码	公司数（家）	频数	累计频数
A	58	1.69%	1.69%
B	88	2.56%	4.25%
C	1996	58.09%	62.34%
D	152	4.42%	66.76%

续表

行业代码	公司数（家）	频数	累计频数
E	95	2.76%	69.53%
F	153	4.45%	73.98%
G	211	6.14%	80.12%
H	224	6.52%	86.64%
J	168	4.89%	91.53%
K	111	3.23%	94.76%
L	21	0.61%	95.37%
M	159	4.63%	100%
合计	3436	100%	—

6.2.4 所得税费用的年度与行业基本统计

从图 6－1 可见：（1）从年度来看，作为纳税主体的母公司报表 TAXEXP 总额在 2008 年出现下降，原因主要是新《企业所得税法》实施后，基本税率由原来的 33% 下降到 25%。（2）从行业来看，采掘业（B）各年平均 TAXEXP 额度最大，而农林牧渔业（A）、综合类（M）TAXEXP 的额度最低，原因主要是采掘业是垄断行业，利润高，当期所得税费用高，同时资产规模

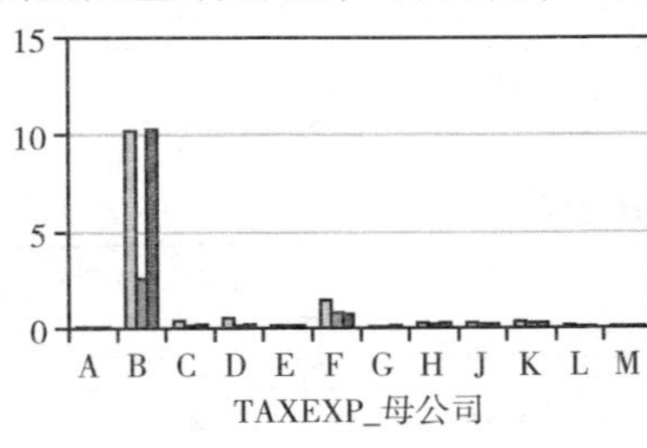

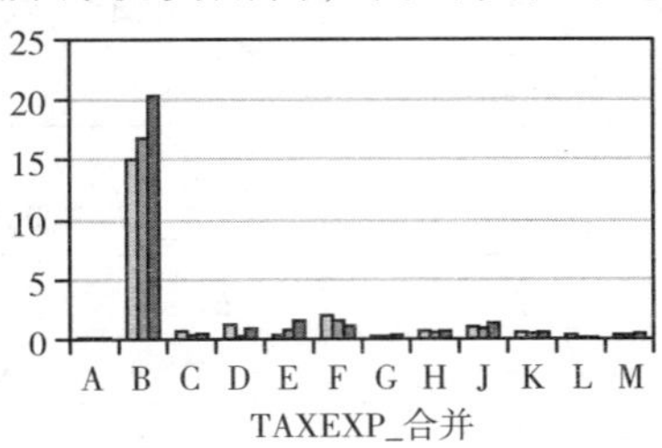

图 6－1 所得税费用 2007—2009 年与行业基本统计（均值）（单位：亿元）

大，从而形成的 DTA、DTL 也较高（见 5.2.4），总计 TAXEXP 平均水平最高；而农林牧渔业和综合类由于资产规模和利润水平的限制，导致 TAXEXP 平均水平在各行业中处于最低。

6.3 合并报表和母公司报表所得税费用信息含量检验

6.3.1 研究假设

H_1：合并报表和母公司报表的所得税费用对年度股票回报有信息含量。

H_{5a}：合并报表相对母公司报表对年度股票回报有相对信息含量。

6.3.2 检验模型

检验合并报表和母公司报表的所得税费用的信息含量，可以采用混合横截面数据模型和面板数据模型，具体如下：

模型 1：混合横截面数据模型

$$R_{it} = \beta_0 + \beta_{k1} EPS_{it\_k} + \beta_{k2} GrowthEPS_{it\_k} + \beta_{k3} TAXEXP_{it\_k} + \beta_{k4} EPS\_Dum_{it\_k} + \beta_{k5} EPS\_Dum_{it\_k} \cdot EPS_{it\_k} + \sum \beta_{k6} Ind + \sum \beta_{k7} Year + \varepsilon_{it}$$

模型 2：面板数据模型

$$R_{it} = \beta_0 + \beta_{k1} EPS_{it\_k} + \beta_{k2} GrowthEPS_{it\_k} + \beta_{k3} TAXEXP_{it\_k} + \beta_{k4} EPS\_Dum_{it\_k} + \beta_{k5} EPS\_Dum_{it\_k} \cdot EPS_{it\_k} + \varepsilon_{it}$$

其中，k = c 和 p，c 表示合并报表数据，p 表示母公司报表数据。β_{cj}表示合并报表估计得到的系数，β_{pj}表示母公司报表估计得到的系数，j = 0，1，…；6。ε_{it}为残差。各变量的含义见表 6 - 4。

表 6 - 4　　　　变量定义

被解释变量			
变量标识	变量名称	预期符号	变量定义
R_{it}	股票回报率		公司 i 在 t 年 5 月至 t + 1 年 4 月的年度收益率，依据考虑分红的月度收益率计算得出
解释变量			
变量标识	变量名称	预期符号	变量定义
EPS_{it}	基本每股收益	+	公司 i 在 t 年的基本每股收益，用 t 年 4 月最后一个交易日的收盘价平减
$GrowthEPS_{it}$	基本每股收益增长额	+	公司 i 在 t 年相比 t - 1 年每股收益的增长额，用 t 年 4 月最后一个交易日的收盘价平减
$TAXEXP_{it}$	所得税费用	+	公司 i 在 t 年的每股所得税费用，用 t 年 4 月最后一个交易日的收盘价平减
EPS_Dum_{it}	基本每股收益虚拟变量	?	公司 i 在 t 年的基本每股收益的哑变量，EPS 大于等于 0 时为 1，其他为 0
$EPS\_Dum_{it} \cdot EPS_{it}$	基本每股收益交互项	+	交互变量，用来消除 EPS 为负的噪声，考察 EPS 非负较 EPS 为负的增量解释力
Year	年份	?	年份控制变量
Ind	行业	?	行业控制变量，以我国证监会划分的一位代码表示，并剔除了金融业

关于模型设定的解释：

（1）关于“《企业会计准则解释第 1 号》问题九中关于‘因抵销为实现的内部损益产生的暂时性差异’问题”〔财政部，2007.11.16〕，模型本应要设置虚拟变量，但该规定从 2007 年开始实施，对 2007—2009 年的样本有共同影响，故不需要控制。

（2）关于 2008 年实施新《企业所得税法》的问题，也应该在模型中进行控制，但设置虚拟变量后，与年份效应产生冲突，年份效应完全体现了 2008 年新税法的效应，故不需要设置。

（3）符号预期：依据 Ohlson（1995）收益模型的分析，合并报表和母公司报表的 EPS_{it}、$GrowthEPS_{it}$ 显著为正；同时，根据 Thomas 和 Zhang（2010）的分析，所得税费用项 $TAXEXP_{it}$ 的回归系数应显著为正。最后，正的基本每股收益相比负的基本每股收益对股票回报更有信息含量，故交互项 $EPS\_Dum_{it} \cdot EPS_{it}$ 的系数显著为正。

6.3.3 描述性统计

从表 6-5 可知：合并报表和母公司报表的 EPS_{it}、$GrowthEPS_{it}$ 和 $TAXEXP_{it}$ 最小值均为负，但差异较大，均值基本相等，但从标准差可知，合并报表相比母公司报表波动要小。实际上，对合并报表和母公司报表 EPS_{it}、$GrowthEPS_{it}$ 和 $TAXEXP_{it}$ 的 Wilxcon 符号秩检验 z 值分别为 14.872、2.580 和 43.823，均在 1% 水平显著，说明均存在显著差异。

6.3.4 Pearson 相关系数

从表 6-6 可以看出，不论是合并报表还是母公司报表 EPS_{it}、$GrowthEPS_{it}$ 和 $TAXEXP_{it}$ 与 R_{it} 在 1% 水平显著正相关，与预期一致，说明 TAXEXP 对股票回报有信息含量；同时，$EPS\_Dum_{it} \cdot$

表 6－5　变量的描述性统计

	项　目	R_{it}	EPS_{it}	$GrowthEPS_{it}$	$TAXEXP_{it}$	EPS_Dum_{it}	$EPS\_Dum_{it} \cdot EPS_{it}$
合并报表	最小值	－0.668	－0.933	－0.694	－0.036	0.000	0.000
	平均值	0.127	0.018	0.001	0.006	0.914	0.023
	最大值	4.951	0.201	5.195	0.059	1.000	0.201
	标准差	0.480	0.039	0.097	0.006	0.281	0.021
	偏　度	1.802	－8.301	44.682	1.291	－2.943	1.961
	峰　度	10.972	174.290	2399.392	9.751	9.664	10.766
母公司报表	最小值	－0.668	－2.603	－1.185	－0.043	0.000	0.000
	平均值	0.127	0.016	0.001	0.003	0.861	0.021
	最大值	4.951	0.534	5.705	0.056	1.000	0.534
	标准差	0.480	0.059	0.110	0.005	0.346	0.023
	偏　度	1.802	－27.783	40.546	1.152	－2.086	5.180
	峰　度	10.972	1171.293	2127.766	15.323	5.350	86.473

表 6-6　　变量的 Pearson 相关系数

		R_{it}	EPS_{it}	$GrowthEPS_{it}$	$TAXEXP_{it}$	EPS_Dum_{it}	$EPS\_Dum_{it} \cdot EPS_{it}$
合并报表	EPS_{it}_c	0.163***	1.000				
	$GrowthEPS_{it}\_c$	0.109***	-0.083***	1.000			
	$TAXEXP_{it}\_c$	0.213***	0.448***	0.104***	1.000		
	$EPS\_Dum_{it}\_c$	0.063***	0.590***	0.126***	0.266***	1.000	
	$EPS\_Dum_{it} \cdot EPS_{it}\_c$	0.279***	0.671***	0.126***	0.628***	0.340***	1.000
母公司报表	EPS_{it}_p	0.062***	1.000				
	$GrowthEPS_{it}\_p$	0.080***	-0.489***	1.000			
	$TAXEXP_{it}\_p$	0.164***	0.211***	0.069***	1.000		
	$EPS\_Dum_{it}\_p$	0.036**	0.358***	0.082***	0.273***	1.000	
	$EPS\_Dum_{it} \cdot EPS_{it}\_p$	0.186***	0.463***	0.179***	0.423***	0.368***	1.000

注：***，** 和 * 分别表示在 1%，5% 和 10% 的水平下显著（双尾）。变量定义同前。

EPS_{it}_p 的符号与预期相同，而且显著，说明正的 EPS 相比非正的 EPS 有增量信息含量。值得注意的是，其他变量之间存在显著的相关性，其多重共线性问题有待回归模型的检验。

6.3.5 回归结果

从表 6 - 7 回归结果可以看出：

（1）对 Ohlson（1995）收益模型的分析。A. 不论是混合横截面数据还是面板数据分析，合并报表和母公司报表 $GrowthEPS_{it}$ 的系数在 1% 水平显著为正，与预期一致，即对年度股票回报有显著解释力。B. 对于合并报表和母公司报表 EPS_{it} 的信息含量。混合横截面数据分析结果系数为正，与预期一致，但仅在 18% 水平下显著。而面板数据分析的 EPS 系数为负，但均在 1% 水平显著。两者符号相反，显著性不同，研究结论不一致。C. 从采用混合横截面还是面板数据模型的受约束的 F 检验来看，其 F 值分别为 95.03 和 117.18，均在 1% 水平以下显著，表明面板数据分析更优。

结合起来，对于 EPS_{it} 和 $GrowthEPS_{it}$ 的显著性，尽管不同的分析存在符号差异，但也表明 Ohlson（1995）收益模型对我国资本市场股票回报仍是有解释力的，差异的存在可能是年度间样本分布差异造成的。与陈信元、陈冬华等（2002），于渤、高印朝（2005）运用 Ohlson 收益模型对我国股票市场的研究结论一致。$GrowthEPS_{it}$ 的系数在两种数据分析中均在 1% 水平下显著为正，而 EPS_{it} 系数的符号和显著性水平不完全一致，表明：我国股票市场是一个短期市场，投资者投机性强，股票投资者更看重企业短期的盈利增长，将当期的每股收益增长作为主要指标进行投资决策。投资者对企业过去的盈利能力指标的运用，与其选择的决策理念、股票持有期间和对企业具体特征的了解等个体差异有很大关系。综合表明，我国股票市场和投资者水平都处于初级阶段。

（2）关于所得税费用的信息含量：A. 不论是合并报表还是母公司报表，其混合横截面数据和面板数据分析均显示，$TAXEXP_{it}$系数均在1%水平以下显著，且符号与预期相同，即其与年度股票回报R_{it}显著正相关。验证了H_1，即合并报表和母公司报表的所得税费用对年度股票回报有信息含量。也验证了Thoman和Zhang（2010）的结论，即所得税费用是应税所得的代理变量，与其他营业费用有显著的性质差异。B. 母公司所得税费用信息对股票回报R_{it}的解释性更强，具体表现在：合并报表检验中$TAXEXP_{it}$的系数分别为5.184和13.985，而母公司报表检验中$TAXEXP_{it}$的系数分别为9.811和17.168。其根本原因是，企业集团只是合并报表的报告主体，并不是一个纳税主体，而母公司是独立的纳税主体，因此，从法律主体角度看，母公司报表比合并报表更为可靠。

（3）关于所得税费用在合并报表和母公司报表中的信息含量差异，从结果可见，不论是混合横截面数据还是面板数据分析，合并报表的拟合系数都高于母公司报表，其中在混合横截面分析中调整R^2分别为0.347和0.333，Vuong检验在1%水平显著；同时，在面板数据分析中调整R^2分别为0.347和0.333。均表明，合并报表相对母公司报表对股票回报有相对信息含量，验证了H_5。

（4）关于每股基本收益质量的分析。从每股基本收益与其虚拟变量的交互项$EPS_Dum_{it} \cdot EPS_{it}$的系数可以看出，在合并报表和母公司报表分析中，不论是混合横截面分析还是面板数据分析，其系数均在5%水平下显著为正，说明盈利信息相比亏损信息对股票回报更有信息含量。

表 6－7 合并报表和母公司报表所得税费用信息含量检验回归结果

解释变量	预期符号	混合横截面数据（模型 1）				面板数据（模型 2）	
		合并报表		母公司报表		合并报表	母公司报表
		系数	VIF	系数	VIF	系数	系数
截距	?	0. 102 *	—	0. 134 **	—	0. 039 ***	0. 165 ***
EPS_{it}_k	+	0. 388（p = 0. 176）	2. 880	0. 308 *	2. 500	－2. 167 ***	－0. 991 *
$GrowthEPS_{it}\_k$	+	0. 258 ***	1. 200	0. 245 ***	1. 930	1. 728 ***	0. 881 ***
$TAXEXP_{it}\_k$	+	5. 184 ***	1. 830	9. 811 ***	1. 340	13. 985 ***	17. 168 ***
$EPS\_Dum_{it}\_k$	?	－0. 044（p = 148）	1. 680	－0. 047 **	1. 330	－0. 176 ***	－0. 225 ***
$EPS\_Dum_{it} \cdot EPS_{it}\_k$	+	2. 762 ***	2. 770	0. 960 **	2. 030	9. 058 ***	5. 684 ***
Ind	?	已控制		已控制		—	—
Year	?	已控制		已控制		—	—
Adj R^2		0. 347		0. 333		总体：0. 063	总体：0. 035
F 值		102. 56 ***		96. 080 ***		76. 620 ***	39. 610 ***
样本量		3436		3436		3436	3436

续表

解释变量	预期符号	混合横截面数据（模型1）				面板数据（模型2）	
		合并报表		母公司报表		合并报表	母公司报表
		系数	VIF	系数	VIF	系数	系数
Vuong 检验		Vuong Z - Statistic = 3.291 ***				—	—
Hausman 检验		—				$\chi^2(4)=131.15$ ***	$\chi^2(4)=69.26$ ***
						固定效应模型	
受约束的 F 检验		F = 95.03 *** （合并报表：面板数模型较优）				F = 117.18 *** （母公司报表：面板数模型较优）	

注：***，** 和 * 分别表示在 1%，5% 和 10% 的水平下显著（双尾）。变量定义同前。

(5) 在混合横截面数据分析中，各变量的 VIF 值均小于等于 3，说明不存在多重共线性。

(6) 关于面板数据分析中模型的选择。应当采用固定效应模型，还是随机效应模型？通过 Hausman 检验发现，不论是合并报表还是母公司报表 χ^2 均在 1% 水平下显著为正，这意味着固定效应模型优于随机效应模型，因此，对合并报表和母公司报表的回归均采用固定效应模型。

总之，实证结果验证了 H_1 和 H_5，表明在我国沪深两市中，合并报表和母公司报表中的所得税费用有信息含量，而且合并报表相比母公司报表有增量信息含量。

6.4 合并—母公司报表所得税费用差异的信息含量检验

6.4.1 研究假设

H_2：合并—母公司报表所得税费用差异对年度股票回报有信息含量。

H_{5b}：合并报表相对母公司报表对年度股票回报有增量信息含量。

6.4.2 合并—母公司报表所得税费用差异基本统计

对于合并—母公司报表所得税费用差异的整体及行业分布情况，本节对 2007—2009 年沪深两市 A 股上市公司合并—母公司报表所得税费用差异进行了描述性统计。为直观起见，用比率表示，表中比率为合并—母公司报表所得税费用差异占当年合并报表中所得税费用的比例。具体见表6-8。

表6-8 沪深两市A股上市公司合并—母公司报表TAXEXP差异统计

行业代码	2007年	2008年	2009年	3年平均
A	0.55	0.54	0.35	0.48
B	0.17	0.05	0.39	0.20
C	0.43	0.46	0.49	0.46
D	0.50	0.52	0.66	0.56
E	0.60	0.44	0.50	0.51
F	0.24	0.34	0.42	0.33
G	0.30	0.45	0.51	0.42
H	0.50	0.66	0.47	0.54
J	0.57	0.63	0.71	0.64
K	0.49	0.55	0.57	0.54
L	0.67	0.02	0.44	0.38
M	0.83	0.70	0.33	0.62
合计	0.47	0.45	0.46	0.46

从表6-8可见：（1）从3年平均来看，合并—母公司报表所得税费用差异分别均占当年合并所得税费用的46%，接近一半水平，说明子公司和合并程序产生的所得税费用信息，至少在信息量上不容忽视，尤其是子公司的所得税费用信息。（2）从年份来看，合并—母公司报表所得税费用差异在3年中呈“V”形分布，在2008年最低为45%，而2007年和2009年分别为47%和46%，这可能和2008年金融风暴引起的经济衰退有关。（3）从行业来看，房地产业（J）所得税费用差异在3年平均最高，达到64%，这和房地产企业一般采用“集团—区域公司—城市公司—项目”的运作模式有关；而采掘业（B）所得税费用差异在3年平均处最

后一位，为20%，这和采掘业企业集团大多采用分公司而非子公司的组织模式有关，如我国3大石油公司。

6.4.3 检验模型

为了检验合并报表和母公司报表所得税费用差异的信息含量，在Ohlson（1995）收益模型的基础上，借鉴Thomas和Zhang（2010）检验所得税费用非预期变动信息含量的模型，以及陈丽花等（2009）检验CAS 18信息含量和陆正飞等（2009）检验合并—母公司盈余差异信息含量的模型，设定该检验模型。同样，在数据结构上分别采用混合横截面数据和面板数据。因此，就有混合横截面数据模型和面板数据模型，具体如下：

模型1：混合横截面数据模型

$$R_{it} = \beta_0 + \beta_1 EPS\_p_{it} + \beta_2 GrowthEPS\_p_{it} + \beta_3 DIFF\_TAXEXP_{it} + \beta_4 DIFF\_EPS_{it} + \beta_5 DIFF\_GrthEPS_{it} + \beta_6 EPS\_p\_Dum_{it} + \sum \beta_7 Ind + \sum \beta_8 Year + \varepsilon_{it}$$

模型2：面板数据模型

$$R_{it} = \beta_0 + \beta_1 EPS\_p_{it} + \beta_2 GrowthEPS\_p_{it} + \beta_3 DIFF\_TAXEXP_{it} + \beta_4 DIFF\_EPS_{it} + \beta_5 DIFF\_GrthEPS_{it} + \beta_6 EPS\_p\_Dum_{it} + \varepsilon_{it}$$

模型中，β_0为截距，β_1—β_6为系数，ε_i为残差。各变量的含义见表6-9。

表6-9　变量定义

被解释变量			
变量标识	变量名称	预期符号	变量定义
R_{it}	年度股票回报		公司i在t年5月至t+1年4月的年度收益率，依据考虑分红的月度收益率计算得出

续表

解释变量			
变量标识	变量名称	预期符号	变量定义
EPS_p_{it}	基本每股收益	+	公司 i 在 t 年的母公司报表基本每股收益，用 t 年 4 月最后一个交易日的收盘价平减
$GrowthEPS\_p_{it}$	基本每股收益增长	+	公司 i 在 t 年相比 t-1 年母公司报表基本每股收益的增长额，用 t 年 4 月最后一个交易日的收盘价平减
$DIFF\_TAXEXP_{it}$	所得税费用差异	+	为公司 i 在 t 年合并报表和母公司报表每股所得税费用的差额，用 t 年 4 月最后一个交易日的收盘价平减
$DIFF\_EPS_{it}$	基本每股收益差异	+	为公司 i 在 t 年合并报表和母公司报表基本每股收益的差额，用 t 年 4 月最后一个交易日的收盘价平减
$DIFF\_GrthEPS_{it}$	基本每股收益增长额差异	+	为公司 i 在 t 年合并报表和母公司报表基本每股收益增长额的差额，用 t 年 4 月最后一个交易日的收盘价平减
$EPS\_Dum\_p_{it}$	基本每股收益虚拟变量	?	为公司 i 在 t 年的母公司基本每股收益的哑变量，当 EPS_p 为大于等于 0 时为 1，其他为 0
Year	年份	?	年份控制变量
Ind	行业	?	行业控制变量，以我国证监会划分的一位代码表示，并剔除了金融业

符号预期：在收益模型上，根据 Ohlson（1995）的分析和已有实证研究结果，预期母公司报表的基本每股收益 EPS_p_{it} 和基本每股收益增长的回归系数应显著为正。若合并报表所得税费用相比母公司报表有增量信息含量，对于合并—母公司报表的所

得税费用的差异项系数 $DIFF_TAXEXP_{it}$显著为正；同时，合并—母公司基本每股收益 $DIFF_EPS_{it}$和 $DIFF_GrthEPS_{it}$的系数也应该显著为正。

6.4.4 描述性统计

从表 6-10 可见，$DIFF\_TAXEXP_{it}$、$DIFF\_EPS_{it}$、$DIFF_GrEPS_{it}$的最小值为负，均值分别为接近于 0，表明从平均意义上合并—母公司报表每股所得税费用、基本每股收益、基本每股收益增量差异很小，但绝大多数公司合并—母公司报表差异还是存在的；同时，由于所得税费用是当期所得税费用和递延所得税费用合计而成，对于分别纳税的母子公司来讲，合并报表与母公司报表当期所得税费用是一致的，因此，$DIFF_TAXEXP_{it}$主要是子公司确认的递延所得税费用，当然也包括合并程序中确认递延所得税负债和资产而产生的部分，表明新准则下对子公司投资采用成本法以及合并报表采用实体理论，使合并报表和母公司报表分工进一步明确。

6.4.5 Pearson 相关系数

从表 6-11 可以看出，各解释变量与被解释变量 R_{it}显著正相关，与预期一致。其中主要解释变量 $DIFF_TAXEXP_{it}$系数在 1% 水平显著，说明合并—母公司报表的所得税费用差异 $DIFF_TAXEXP_{it}$对年度股票回报有信息含量；同时，其他解释变量之间的相关性，主要是与每股财务指标的计算有关，其是否存在严重的共线性问题，有待回归中进一步作共线性检验。

6.4.6 回归结果

从表 6-12 回归结果可以看出：

表 6-10　描述性统计

	R_{it}	EPS_p_{it}	$GrowthEPS\_p_{it}$	$DIFF\_TAXEXP_{it}$	$DIFF\_EPS_{it}$	$DIFF\_GrEPS_{it}$	$EPS\_Dum\_p_{it}$
最小值	-0.668	-2.603	-1.185	-0.024	-0.790	-0.995	0.000
平均值	0.127	0.016	0.001	0.002	0.003	0.000	0.861
最大值	4.951	0.534	5.705	0.052	1.776	0.992	1.000
标准差	0.480	0.059	0.110	0.004	0.038	0.040	0.346
偏　度	1.802	-27.783	40.546	2.786	26.855	-2.913	-2.086
峰　度	10.972	1171.293	2127.766	17.739	1415.126	302.312	5.350

表 6-11　变量的 Pearson 相关系数

	R_{it}	EPS_p_{it}	$GrowthEPS\_p_{it}$	$DIFF\_TAXEXP_{it}$	$DIFF\_EPS_{it}$	$DIFF\_GrEPS_{it}$	$EPS\_Dum\_p_{it}$
EPS_p_{it}	0.062***	1.000					
$GrowthEPS\_p_{it}$	0.080***	-0.489***	1.000				
$DIFF\_TAXEXP_{it}$	0.110***	0.092***	0.015	1.000			
$DIFF\_EPS_{it}$	0.071***	-0.758***	0.609	0.064***	1.000		
$DIFF\_GrEPS_{it}$	0.044*	-0.003	-0.486***	0.013	0.204***	1.000	
$EPS\_Dum\_p_{it}$	0.036**	0.358***	0.082***	-0.037**	-0.076***	-0.036**	1.000

注：***，** 和 * 分别表示在 1%，5% 和 10% 的水平下显著（双尾）。变量定义同前。

（1）不论是混合横截面数据还是面板数据分析，EPS_p_{it} 和 $GrowthEPS\_p_{it}$ 的系数在 10% 水平以下显著为正，与预期一致，即与股价年度股票回报 R_{it} 显著正相关，验证了 Ohlson（1995）收益模型在我国股票市场也有效，这与前文实证结果一致，也与陈信元和陈冬华等（2002）、于渤和高印朝（2005）的研究结论一致。

表 6-12　合并—母公司报表所得税费用差异信息含量检验回归结果

解释变量	预期符号	混合横截面数据（模型 1）		面板数据（模型 2）
		系数	VIF	系数
截距	?	0.145***	—	0.208***
EPS_p_{it}	+	1.701***	3.650	0.992*
$GrowthEPS\_p_{it}$	+	0.361***	4.600	2.296***
$DIFF\_TAXEXP_{it}$	+	3.281*	1.190	27.976***
$DIFF\_EPS_{it}$	+	1.948***	6.530	0.199
$DIFF\_GrEPS_{it}$	+	0.503*	3.150	2.585***
$EPS\_Dum\_p_{it}$	+	-0.054**	1.380	-0.197***
Ind	?	已控制		—
Year	?	已控制		—
Adj R^2		0.334		总体：0.028
F 值		91.830***		34.880***
样本量		3436		3436
Hausman 检验		—		$\chi^2(4)=85.83$*** 固定效应模型

注：***，** 和 * 分别表示在 1%，5% 和 10% 的水平下显著（双尾）。变量定义同前。

（2）不论是混合横截面数据还是面板数据分析，$DIFF_TAXEXP_{it}$的系数在10%水平与年度股票回报R_{it}显著正相关，表明合并—母公司报表所得税费用差异，主要源于子公司的所得税费用，对股票回报有显著解释力，验证了H_2，即合并—母公司报表所得税费用差异对股票回报有信息含量。

（3）关于合并报表相对母公司报表的增量信息含量。由于模型是以母公司报表信息为基础构建的，通过合并—母公司报表信息差异分析两者的相对信息含量，从解释变量$DIFF_EPS_{it}$、$DIFF_GrthEPS_{it}$和$DIFF_TAXEXP_{it}$的系数显著为正可知，合并报表相对母公司报表有增量信息含量，验证了H_{5b}，合并报表相对母公司报表对股票回报有增量信息含量。

（4）在混合横截面数据分析中，各变量的VIF值均小于等于7，说明不存在多重共线性。

6.5 合并报表和母公司报表所得税费用成分的信息含量检验

6.5.1 研究假设

H_3：合并报表和母公司报表的当期所得税费用对年度股票回报无信息含量，而递延所得税费用对年度股票回报有信息含量。

H_4：合并报表和母公司报表当期所得税费用差异和递延所得税费用差异对年度股票回报有信息含量。

H_5：合并报表相对母公司报表对股票回报有相对和增量信息含量。

H_{5a}：合并报表相对母公司报表对年度股票回报有相对信息含量。

H_{5b}：合并报表相对母公司报表对年度股票回报有增量信息含量。

6.5.2 模型设定

从表 6-13 可知，对于所得税费用信息含量的检验，从受约束的 F 检验可知，面板数据分析优于混合横截面数据分析，故本节只设定面板数据模型。对于所得税费用的成分，分为当期所得税费用和递延所得税费用。又进一步分析了合并—母公司报表当期所得税费用差异和合并—母公司报表递延所得税费用差异两项。因此，检验模型设定如下：

模型 1：所得税费用成分信息含量检验

$$R_{it} = \beta_0 + \beta_1 EPS_{it\_k} + \beta_2 GrowthEPS_{it\_k} + \beta_3 CTAXEXP_{it\_k} + \beta_4 DTAXEXP_{it\_k} + \beta_5 EPS\_Dum_{it\_k} + \beta_6 EPS\_Dum_{it\_k} \cdot EPS_{it\_k} + \varepsilon_i$$

模型 2：所得税费用成分差异信息含量检验

$$R_{it} = \beta_0 + \beta_1 EPS_{it\_p} + \beta_2 GrowthEPS_{it\_p} + \beta_3 DIFF\_CTAXEXP_{it} + \beta_3 DIFF\_DTAXEXP_{it} + \beta_4 DIFF\_EPS_{it} + \beta_5 DIFF\_GrthEPS_{it} + \beta_6 EPS_{it\_p—} Dum_{it\_p} + \beta_6 EPSp\_Dum_{it\_p} \cdot EPS\_p_{it\_p} + \varepsilon_{it}$$

其中：

在模型 1 中，k = c 和 p，c 表示合并报表数据，p 表示母公司报表数据。β_{cj}表示合并报表估计得到的系数，β_{pj}表示母公司报表估计得到的系数，j = 0，1，…，6。ε_{it}为残差。各变量的含义见表 6-13。

符号预期：

如前所述，合并报表和母公司报表的 EPS_{it}、$GrowthEPS_{it}$显著为正。同时：（1）在模型 1 中，所得税费用中当期所得税费用

表 6－13　　　　　　变量定义

被解释变量

变量标识		变量名称	预期符号	变量定义
R_{it}		年度股票回报		公司i在t年5月至t+1年4月的年度收益率，用考虑分红的月度收益率经计算得出

解释变量

变量标识		变量名称	预期符号	变量定义
EPS_{it_k}		每股基本收益	+	公司i在t年的基本每股收益，用t年4月最后一个交易日的收盘价平减
$GrowthEPS_{it\_k}$		每股基本收益增长额	+	公司i在t年相比t－1年每股收益的增长额，用t年4月最后一个交易日的收盘价平减
模型1	$CTAXEXP_{it\_k}$	当期所得税费用	+	公司i在t年的每股当期所得税费用，用t年4月最后一个交易日的收盘价平减
	$DTAXEXP_{it\_k}$	递延所得税费用	+	公司i在t年的每股递延所得税费用，用t年4月最后一个交易日的收盘价平减
模型2	$DIFF-CTAXEXP_{it}$	当期所得税费用差异	+	公司i在t年合并报表和母公司报表的每股当期所得税费用差异，用t年4月最后一个交易日的收盘价平减
	$DIFF-DTAXEXP_{it}$	递延所得税费用差异	+	公司i在t年合并报表和母公司报表的每股递延所得税费用差异，用t年4月最后一个交易日的收盘价平减

续表

<table>
<tr><td colspan="5">解释变量</td></tr>
<tr><td colspan="2">变量标识</td><td>变量名称</td><td>预期符号</td><td>变量定义</td></tr>
<tr><td rowspan="2">模型 2</td><td>$DIFF\_EPS_{it}$</td><td>当期每股收益差异</td><td>+</td><td>公司 i 在 t 年合并报表和母公司报表每股基本收益差异，用 t 年 4 月最后一个交易日的收盘价平减</td></tr>
<tr><td>$DIFF\_GrthEPS_{it}$</td><td>当期每股收益增长差异</td><td>+</td><td>公司 i 在 t 年合并报表和母公司报表每股基本收益增长差异，用 t 年 4 月最后一个交易日的收盘价平减</td></tr>
<tr><td colspan="2">$EPS\_Dum_{it\_k}$</td><td>每股基本收益虚拟变量</td><td>?</td><td>公司 i 在 t 年的每股收益的哑变量，当 EPS 为大于等于 0 时为 1，其他为 0</td></tr>
<tr><td colspan="2">$EPS\_Dum_{it\_k} \cdot EPS_{it\_k}$</td><td>每股基本收益交互项</td><td>+</td><td>交互变量，用来消除 EPS 为负的噪声，考察 EPS 大于等于 0 较其他的增量解释力</td></tr>
</table>

$CTAXEXP_{it}$和递延所得税费用 $DTAXEXP_{it}$的回归系数应为正，但 $DTAXEXP_{it}$相比 $CTAXEXP_{it}$更具显著性。最后，正的每股基本收益相比负的每股基本收益对股票回报更有信息含量，故交互项 $EPS_Dum_{it} \cdot EPS_{it}$的系数显著为正。（2）在模型 2 中，由当期所得税费用和递延所得税费用性质差异，当期所得税变动实际是代表应税利润的变动，故正相关；递延所得税变动，是递延所得税净递延所得税负债的变动，应该负相关。

6.5.3 样本选择

样本期间选择为 2007—2009 年。所有样本数据来自 CSMAR

和聚源数据库，样本选择见表6－14。

表6－14 样本选择（2007—2009年） 单位：家

检验所得税费用模型所有数据齐全的样本	3436
剔除：相关数据不全的公司	
其中：合并报表递延所得税资产的减少数据缺失的	75
合并报表递延所得税负债的增加数据缺失的	314
母公司递延所得税资产的减少数据缺失的	110
母公司递延所得税负债的增加数据缺失的	2394
有效样本：	543

6.5.4 描述性统计

对于所得税费用成分信息含量检验（模型1）和所得税费用成分差异的信息含量检验（模型2）变量的描述性统计，见表6－15和表6－16。

从表6－15可知，主要解释变量 $CTAXEXP_{it}$ 和 $DTAXEXP_{it}$ 最小值均为负，但合并报表相比母公司报表，其均值和方差都要大，结合表6－16中主要解释变量DIFF－CTAXEXP和DIFF－DTAXEXP平均值均为正，以及DIFF－EPS和DIFF－GrthEPS的平均值均为正，都表明了子公司信息的影响。同时，在表6－15中，合并报表和母公司报表DTAXEXP的均值为负，说明了主要是递延所得税资产。

6.5.5 Pearson 相关系数

从表6－17可以看出，不论是合并报表还是母公司报表 EPS_{it}、$GrowthEPS_{it}$、$CTAXEXP_{it}$ 和 $DTAXEXP_{it}$ 与 R_{it} 在1%水平显

表 6-15　　模型 1 变量的描述性统计

	项　目	R_{it}	EPS_{it}	$GrowthEPS_{it}$	$CTAXEXP_{it}$	$DTAXEXP_{it}$	EPS_Dum_{it}	$EPS\_Dum_{it} \cdot EPS_{it}$
合并报表	最小值	-0.656	-0.258	-0.261	-0.033	-0.035	0.000	0.000
	平均值	0.134	0.021	-0.001	0.008	-0.001	0.913	0.026
	最大值	1.973	0.166	0.349	0.045	0.038	1.000	0.166
	标准差	0.453	0.036	0.047	0.008	0.006	0.281	0.024
	偏　度	0.982	-1.631	1.297	1.369	-0.414	-2.941	1.980
	峰　度	4.171	15.054	18.439	6.542	20.532	9.648	9.454
母公司报表	最小值	-0.656	-0.154	-0.171	-0.156	-0.229	0.000	0.000
	平均值	0.134	0.019	-0.002	0.004	-0.002	0.878	0.023
	最大值	1.973	0.174	0.329	0.237	0.167	1.000	0.174
	标准差	0.453	0.032	0.040	0.022	0.023	0.327	0.022
	偏　度	0.982	-0.939	1.431	1.311	-0.977	-2.316	2.206
	峰　度	4.171	11.330	17.033	41.434	41.138	6.366	11.453

表 6 – 16　　　　模型 2 变量的描述性统计

	DIFF – $CTAXEXP_{it}$	DIFF – $DTAXEXP_{it}$	DIFF_EPS_{it}	DIFF_$GrthEPS_{it}$
最小值	–0. 235	–0. 172	–0. 120	–0. 141
平均值	0. 003	0. 001	0. 003	0. 001
最大值	0. 172	0. 239	0. 108	0. 169
标准差	0. 023	0. 022	0. 016	0. 022
偏　度	–1. 212	1. 262	–0. 199	1. 011
峰　度	40. 014	46. 517	15. 541	19. 157

著正相关，与预期一致，但主要解释变量 $CTAXEXP_{it}$ 和 $DTAXEXP_{it}$ 系数不同，表明两种成分对股票回报的信息含量并不一致；同时，EPS_Dum_{it} · EPS_{it} 的符号与预期相同，而且显著，说明正的 EPS 相比非正的 EPS 有增量信息含量。此外，其他变量之间也存在显著的相关性，与其每股指标的计算有关。

从表 6 – 18 可以看出，解释变量均与被解释变量 R_{it} 显著相关。对于主要解释变量 DIFF_$CTAXEXP_{it}$ 和 DIFF_$DTAXEXP_{it}$，其与 R_{it} 在 1% 水平正相关，符号也与预期一致，表明两种成分的信息含量有性质上的差异。其他同前。

6. 5. 6　回归结果

从表 6 – 19 回归结果可知：

（1）对于模型 1 和模型 2，$GrowthEPS_{it}$ 的系数在 15% 水平以下显著为正，与预期一致；而 EPS_{it} 的系数在 10% 以下水平显著为负，与前文一致。表明我国是投机型的股票市场。

（2）所得税费用成分的信息含量。从模型 1 回归结果可知，不论是合并报表还是母公司报表，当期所得税费用 CTAXEXP 系

表 6－17　　模型 1 变量的 Pearson 相关系数

		R_{it}	EPS_{it}	$GrowthEPS_{it}$	$CTAXEXP_{it}$	$CTAXEXP_{it}$	EPS_Dum_{it}	$EPS\_Dum_{it} \cdot EPS_{it}$
合并报表	EPS_{it}_c	0.319***	1.000					
	$GrowthEPS_{it}$_c	0.329***	0.653***	1.000				
	$CTAXEXP_{it}$_c	0.210***	0.502***	0.195***	1.000			
	$DTAXEXP_{it}$_c	0.094**	0.286***	0.330***	-0.311***	1.000		
	EPS_Dum_{it}_c	0.147***	0.655***	0.466***	0.232***	0.265***	1.000	
	$EPS_Dum_{it} \cdot EPS_{it}$_c	0.398***	0.812***	0.481***	0.609***	0.118***	0.337***	1.000
母公司报表	EPS_{it}_p	0.299***	1.000					
	$GrowthEPS_{it}$_p	0.290***	0.649***	1.000				
	$CTAXEXP_{it}$_p	-0.124***	0.007	-0.061	1.000			
	$DTAXEXP_{it}$_p	0.178***	0.177***	0.175***	-0.965***	1.000		
	EPS_Dum_{it}_p	0.126***	0.625***	0.384***	0.019	0.088**	1.000	
	$EPS_Dum_{it} \cdot EPS_{it}$_p	0.366***	0.837***	0.523***	0.032	0.132***	0.385***	1.000

注：***，** 和 * 分别表示在 1%，5% 和 10% 的水平下显著（双尾）。变量定义同前。

表 6-18 模型 2 变量的 Pearson 相关系数

	R_{it}	EPS_{it_p}	$GrowthEPS_{it\_p}$	DIFF $\_CTAXEXP_{it}$	DIFF $\_DTAXEXP_{it}$	$DIFF\_EPS_{it}$	DIFF_ $GrthEPS_{it}$	EPSp_Dum
EPS_{it_p}	0.299***	1.000						
$GrowthEPS_{it\_p}$	0.290***	0.649***	1.000					
$DIFF\_CTAXEXP_{it}$	0.195***	0.147***	0.110***	1.000				
$DIFF\_DTAXEXP_{it}$	-0.156***	-0.112***	-0.100**	-0.964***	1.000			
$DIFF\_EPS_{it}$	0.127***	0.036	0.015	0.165***	-0.033	1.000		
$DIFF\_GrthEPS_{it}$	0.171***	0.057	0.058	0.170***	-0.095**	0.646***	1.000	
EPSp_Dum	-0.017***	0.372***	0.213***	0.014	-0.019	-0.052	-0.011	1.000
$EPS\_Dum_{it} \cdot EPS_{it}\_p$	0.366***	0.837***	0.523***	0.147***	-0.115***	-0.086**	-0.067	0.1968***

数均不显著，但符号与预期相同，而递延所得税费用 DTAEXP 的系数在约 20% 水平以下显著为正。这说明，当期所得税费用和递延所得税费用在股票回报中的信息含量显著不同，并且市场能够区分两者的成分差异。与表 6－7 相比，可知，在面板数据分析中总所得税费用在合并报表和母公司报表系数分别为 13.985 和 17.168，本表中 DTAXEXP 的系数为 11.024 和 9.627，CTAXEXP 的系数 1.227 和 8.046。DTAXEXP 的系数更接近于表 6－7 中所得税费用的系数，而且均呈现统计显著性。这些均表明，在资产负债表债务法下，由 DTL 和 DTA 变动决定的递延所得税费用，由于有预期因素，因此，相比按税收法规决定的当期所得税费用，更具信息含量，验证了 H_3，即合并报表和母公司报表的当期所得税费用对当期股票回报无信息含量，而递延所得税费用对当期股票回报有信息含量。

（3）合并—母公司报表所得税费用成分差异的信息含量。从模型 2 结果可见，合并—母公司报表的当期所得税费用差异 $DIFF\_CTAEXP_{it}$ 和递延所得税费用差异 $DIFF\_DTAEXP_{it}$，系数在 10% 水平下均显著为正，其中后者符号与预期相反。原因在于，由表 6－15 和表 6－16 可知，$DTAXEXP_{it}$ 和 $DIFF\_DTAXEXP_{it}$ 主要为递延所得税资产，而不是递延所得税负债。结果表明，市场能够对于合并—母公司报表所得税费用成分差异，即主要是子公司对当期所得税费用和递延所得税费用分别进行定价。与表 6－12 对比可知，在面板数据分析中 $DIFF\_TAXEXP_{it}$ 的系数为 27.976，而本表中 $DIFF\_CTAXEXP_{it}$ 和 $DIFF\_DTAXEXP_{it}$ 的系数分别为 16.313 和 15.550，两者对总合并—母公司报表所得税费用差异解释力几乎相等。特别值得注意的是，合并报表和母公司报表的当期所得税费用并没有显著信息含量（H_3），而子公司当期所得税费用（$DIFF\_CTAXEXP_{it}$）则有显著的信息含量，这可能表明，市场对于年度子公司运营信息，特别是母公司可能通过购并等资本运作模式对股东权益的影响需要警惕，验证了 H_4，即合并报表和母公司报表当期所得税费用差异和递延所得税费用差异对股票回报有信息含量。

（4）合并报表相对母公司报表有相对或增量的信息含量。从表 6 – 19 可知，模型 1 中合并报表和母公司报表的调整 R^2 分别为 0.178 和 0.142，验证了 H_{5a}，即合并报表相对母公司报表有相对的信息含量；同时，模型 2 中 $DIFF\_EPS_{it}$、$DIFF\_CTAXEXP_{it}$ 和 $DIFF\_DTAXEXP_{it}$ 均在 20% 水平下显著为正，验证了 H_{5b}，即合并报表相对母公司报表有增量的信息含量。总之，合并报表相对母公司报表对股票回报有相对和增量信息含量，验证了 H_5。

（5）对于公司每股基本收益质量的分析。从每股基本收益与其虚拟变量的交互项 $EPS\_Dum_{it} \cdot EPS_{it}$ 的系数可以看出，其系数均在 1% 水平下显著为正，说明盈利信息相比亏损信息对股票回报更有信息含量。

（6）对于采用固定效应模型还是随机效应模型，通过 Hausman 检验的 χ^2 在 1% 水平下显著为正，表明固定效应模型优于随机效应模型，故采用固定效应模型。

总之，实证结果验证了 H_3、H_4 和 H_5，表明在我国沪深两市中，市场会对合并报表和母公司报表所得税费用中的递延所得税费用进行定价，而对当期所得税费用没有反应。但是，市场会对合并—母公司所得税费用差异，以及其成分的当期所得税费用和递延所得税费用进行定价，表明市场对于子公司所得税信息非常关注。最后，各检验结果均表明，合并报表相比母公司报表有相对和增量信息含量。

表 6－19　合并报表和母公司报表所得税费用成分信息含量检验回归结果

解释变量	预期符号	模型 1		模型 2
		合并报表	母公司报表	
		系数	系数	系数
截距	?	－0. 319	0. 060	0. 197
EPS_{it-k}	+	－7. 907**	－6. 952**	－5. 293*
$GrowthEPS_{it-k}$	+	2. 301*	3. 124**	1. 923 （p＝0. 148）
$CTAXEXP_{it-k}$	+	1. 277	8. 046	
$DTAXEXP_{it-k}$	+	11. 024*	9. 627 （p＝0. 205）	
$DIFF\_CTAXEXP_{it}$	+			16. 313*
$DIFF\_DTAXEXP_{it}$	+			15. 550*
$DIFF\_EPS_{it}$	+			6. 157 （p＝0. 156）
$DIFF\_GrthEPS_{it}$	+			0. 676
EPS_Dum_{it-k}	?	0. 105	－0. 229*	－0. 488***
$EPS\_Dum_{it} \cdot EPS_{it-k}$	+	20. 249***	17. 151***	18. 763***
Adj R^2		总体：0. 178	总体：0. 142	总体：0. 181
F 值		21. 120***	16. 750***	17. 870***
样本量		543	543	543
Hausman 检验		$\chi^2(4)$ = 40. 93***	$\chi^2(4)$ = 27. 32***	$\chi^2(4)$ = 43. 74***
		固定效应模型		固定效应模型

注：***，** 和 * 分别表示在 1%，5% 和 10% 的水平下显著（双尾）。变量定义同前。

6.6　本章小结

本章通过实证研究的方法，运用我国 2007—2009 年沪深上市A股公司的合并报表和母公司报表数据，来检验所得税费用对年度股票回报的信息含量。目的是解答本章3个研究问题：（1）所得税费用是否对年度股票回报有信息含量？（2）资产负债表债务法下的当期所得税费用和递延所得税费用是否对年度股票回报有相同的信息含量？（3）合并报表和母公司报表所得税费用差异，即主要是子公司的所得税费用，能否提供增量的信息含量，包括其成分的当期所得税差异和递延所得税费用差异？以经验证据为依据，与资产负债表所得税会计信息相承接，为我国资产负债表债务法的实施效果以及"双重披露制"列报模式提供了完整经验证据。

基于理论和文献分析，在模型设定上，基于Ohlson（1995）收益模型构建了检验模型。在具体分析时，从混合横截面数据和面板数据两个角度进行检验，以增强结果的稳健性。从两种数据的实证结果发现：

（1）合并报表和母公司报表的所得税费用$TAXEXP_{it}$与当年股票回报R_{it}显著正相关，研究结论与Thomas and Zhang（2010）的结论一致，即对市场来说，所得税费用是经济利润的代理变量，而不是一般意义的营业费用。同时，母公司报表的系数大于合并报表的系数，表明了市场更信赖有法人地位的纳税主体的所得税费用的信息，而非会计制度的报告主体信息，验证了H_1，合并报表和母公司报表的所得税费用对股票回报有信息含量。回答了第1个问题。

（2）由于所得税费用中当期所得税费用和递延所得税费用核算的基础不同，前者是根据税收法规，而后者是根据账面价值与计税基础的差异计算，因此，性质是不同的。从实证结果来看，不管合并报表还是母公司报表，当期所得税费用$CTAXEXP_{it}$与当年股票回报R_{it}正相关，但不显著；而递延所得税费用

DTAXEXP 与股票回报 R_{it} 显著正相关，表明：递延所得税费用相比当期所得税费用更具信息含量，两者的信息含量并不相同。原因在于，递延所得税费用是 DTA 和 DTL 决定的，具有预期因素，因此，更容易被市场定价，验证了 H_3，即合并报表和母公司报表的当期所得税费用对股票回报无信息含量，而递延所得税费用对股票回报有信息含量。回答了第 2 个问题。

（3）合并—母公司报表所得税费用差异 $DIFF\_TAXEXP_{it}$，主要为子公司所得税费用，与当年股票回报 R_{it} 显著正相关，说明市场能够对子公司的所得税费用进行定价，验证了 H_2，即合并—母公司报表所得税费用差异对股票回报有信息含量；同时，合并—母公司报表的当期所得税费用差异 $DIFF\_CTAXEXP_{it}$ 和递延所得税差异 $DIFF-DTAXEXP_{it}$，也与当年股票回报 R_{it} 显著正相关。尤其是当期所得税费用差异显著为正，与 H_3 当期所得税费用与股票回报不显著相关不同，表明市场非常关注购并等资本运作模式对股东收益的影响，验证了 H_4，合并报表和母公司报表当期所得税费用差异和递延所得税费用差异对股票回报有信息含量，进一步支持了 H_2。回答了第 3 个问题。

最后，检验均证明了合并报表相对母公司报表对年度股票回报有相对和增量信息含量，验证了 H_5。

所得税报表项目信息含量的再检验（适应期：2010—2019）

7.1　理论分析与研究假设

本章以 2010—2019 年为研究时段，检验“双重披露制”对股票价格的影响。这一时段的股票价格没有出现剧烈波动，采用资产负债表债务法进行所得税会计处理已经相对成熟。检验该时段“双重披露制”下递延所得税的价值相关性，能够进一步证实列报模式对所得税信息含量的影响，发现递延所得税资产与递延所得税负债的差异，从而评价资产负债表债务法的实施效果。从报表使用者的角度寻找该差异形成的原因，旨在为不同报表使用者提供符合其要求的财务信息，提高所得税会计信息的决策有用性。基于满足报表使用者信息需求的目标，所得税准则和合并报表准则将日趋完善。

7.1.1 递延所得税项目价值相关性的假设

资产负债观将递延所得税项目视作真正的资产和负债。根据权责发生制，暂时性差异需要结转到以后的会计年度。当权利或义务终止时，才能转回暂时性差异。资产负债表债务法能够产生明显的优越性。一方面，该方法可以准确地反映当前及未来的所得税现金流，使得各会计期间企业所有者权益与利润更匹配。Phillips（2003）研究了递延所得税与盈余管理的关系，结果表明资产负债表债务法能够更准确地反映公司各年的经营状况，与分析师预测相符。另一方面，在资本市场有效的前提下，企业以财务报告的形式向投资者反馈内部信息，证券市场基本能够合理地评价企业经营状况。新会计准则确认递延所得税项目反映企业预期经营状况，能够辅助投资者决策。企业为获得良好的公众形象选择粉饰财务报表数据，从而间接影响投资者决策。王艳林（2019）发现乐视网通过非全资子公司亏损确认高额的递延所得税资产，达到粉饰公司经营业绩和抬高股票价格的目的。综上所述，递延所得税项目属于财务报表，它能够改变投资者的决策，向资本市场传递企业信息，进而产生价值相关性。合并报表与母公司报表所得税会计核算的方法一致，在计价模型观下股票内在价值在两种报表之间不存在明显差异。递延所得税价值相关性不受报表类型的影响。于是提出假设1：

H_1：两种报表的递延所得税项目产生价值相关性。

7.1.2 递延所得税项目差异价值相关性的假设

新会计准则要求母公司核算子公司股权投资时采用成本法。该方法要求按照初始成本计量，子公司在发放股利后确认投资收益，这使得财务报表只能体现母公司的自身收益。与成本法不同，权益法要求投资方根据持股比例确认股权投资成本，被投资单位净资产与股权投资账面价值同步变动。它被视为合并报表的另一种形式，有助于反映集团整体信息。核算方法的转变扩大了两种报表的盈余差异，从而产生额外的信息增量。两种报表具有明显差异，合并报表能够反映集团公司的整体状况，母公司报表则体现法律主体的相关信息。陆正飞（2010）对比新准则下两种报表的差异，研究表明合并报表包含子公司财务信息，新准则的实施减少两种报表的信息重叠，使得他们的分工更为明确。根据信息观理论，未来盈余通过影响未来股利从而造成股票市值波动。两种报表的信息差异因盈余不同而产生，因此，报表项目的信息差异具有价值相关性。

合并报表的出现满足了集团公司发展的需要，它采用实体理论编制，囊括集团内所有企业。对控股股东和少数股东一视同仁有助于反映少数股东信息，更利于投资者决策。程昔武（2011）研究证实，采用实体理论编制的合并报表比母公司理论的会计稳健性更高。另外，合并报表的编制要求抵销集团内部未实现销售损益。这可以防止企业通过内部交易粉饰经营业绩，促使财务报表信息质量的提高。总而言之，合并报表的编制能帮助集团公司管理层了解公司整体状况，向投资者决策提供必要信息。与母公司报表相比，合并报表主体范围更广、信息含量更高。因此，合并报表能够更大程度地影响公司股票价格，具有更高的价值相关性。根据上述分析，提出以下假设：

H_2：两种报表的递延所得税项目差异具有价值相关性。

H_3：合并报表递延所得税项目价值相关性比母公司报表更高。

7.1.3 递延所得税项目影响程度的假设

王晓梅（2010）认为，合并报表能够为包括债权人和股东在内的报表使用者提供决策信息。两种报表的信息差异决定报表使用者的不同。股东向集团公司注入资金获取股权，注重权益投资的长期回报。他们更关注集团公司的盈利能力，侧重于合并报表。债权人为企业经营发展提供资金，目的在于获取利息并收回本金。合并报表的编制要求消除集团内部债权债务，这使得母公司债务信息被隐藏，因而不能向债权人提供偿债信息。此外，债权债务关系针对法律主体时，集团企业不具备法人资格，母公司是求偿权行使的对象。母公司报表体现单独法律主体的盈利能力和偿债能力，满足债权人的信息需求。王秀丽（2017）对比两种报表财务危机的预警效果，结果表明当母公司以经营战略为主时，母公司报表产生较好的预警效果。这说明母公司报表能够为债权人提供重要的决策信息。

递延所得税项目的会计处理存在细微差别。根据谨慎性原则，递延所得税资产的确认受到日后应纳税所得额的限制，所有暂时性差异均可以确认递延所得税负债。在资产负债观下，递延所得税资产是企业的经济利益，递延所得税负债表现为经济利益的流出。考虑到两种报表使用对象不同，递延所得税项目在两种报表的价值相关性存在差异。股东重视集团公司的盈利状况，关注财务报表的资产项目，递延所得税资产是其中之一。债权人重视母公司的债务状况，关注财务报表的资产和负债项目，使得递延所得税项目均具有价值相关性。基于以上理论分析，提出假设4：

H_4：在合并报表中，递延所得税资产比递延所得税负债的价值相关性更高。在母公司报表中，递延所得税资产与递延所得税负债的价值相关性无明显差别。

7.2　研究设计

7.2.1　数据来源

鉴于 2010—2019 年 A 股市场处于没有剧烈波动的长稳定周期，也是所得税会计资产负债表债务法在我国运用的适应期，因此，选择 2010—2019 年 A 股上市公司作为研究对象，使用 CSMAR 数据库的数据。为保证实证结果稳定可靠，数据筛选工作如下：（1）剔除金融类上市公司；（2）剔除递延所得税项目数据缺失的公司；（3）剔除母公司报表数据缺失的公司，两种报表数据量相同可以减少数据差异的影响；（4）剔除两种报表每股收益为负的公司，每股收益为负意味着公司亏损，将其剔除可以减少经营状况异常的影响。经筛选后，数据样本量为 16719 家。

7.2.2　变量选择与模型构建

资本市场的股票价格反映对上市公司经营状况的评价。于是选择年末股票价格作为被解释变量。考虑到次年 4 月末上市公司的审计报告均对外报出，而且 4 月末股票价格能够反映资本市场对上市公司的业绩评价。于是，选择该指标作为年末股票价格的替代变量。变量定义见表 7－1。

表 7-1　　变量定义及说明

变量		名称	含义
被解释变量	P	年末股价	年末股票收盘价
	Ap	4 月末股价	次年 4 月末股票收盘价
解释变量	BV	每股净资产	所有者权益/实收资本
	EPS	每股收益	净利润/实收资本
	DTA	每股递延所得税资产	递延所得税资产/流通股总数
	DTL	每股递延所得税负债	递延所得税负债/流通股总数
	dDTA	每股递延所得税资产差异	合并报表与母公司报表每股递延所得税资产之差
	dDTL	每股递延所得税负债差异	合并报表与母公司报表每股递延所得税负债之差
	dBV	每股净资产差异	合并报表与母公司报表每股净资产之差
	dEPS	每股收益差异	合并报表与母公司报表每股收益之差
控制变量	ROA	总资产收益率	净利润/总资产平均余额
	ROIC	投入资本回报率	（净利润+财务费用）/（资产总计-流动负债+应付票据+短期借款+一年内到期的非流动负债）

Ohlson（1995）模型建立了企业价值和会计信息的关系，指出企业价值是由本期净资产账面价值和预期剩余收益组合而成。Feltham and Ohlson（1995）在该模型的基础上将企业运营划分为经营活动和财务活动，揭示会计计量模式对企业价值的影响。因此，每股净资产和每股收益被选择为解释变量。由于企业盈利

能力和股东投资回报能够对股票价格产生影响，选择总资产收益率和投入资本回报率作为控制变量；同时结合 Ayers（1998）信息含量模型以及 Guenther 和 Sansing（2000）DTA 和 DTL 价值理论模型，将递延所得税项目作为解释变量加入 Feltham and Ohlson（1995）模型之中，建立模型 1 - 1：

$$P_{i,t} = \alpha_1 BV_{i,t} + \alpha_2 EPS_{i,t} + \alpha_3 DTA_{i,t} + \alpha_4 DTL_{i,t} + \alpha_5 ROA_{i,t} + \alpha_6 ROIC_{i,t} + \varepsilon_{i,t} \tag{1-1}$$

为比较递延所得税具体项目对上市公司股票价格的影响，构造它们与总资产收益率的交乘项。交乘项回归系数显著与否可以衡量递延所得税项目的影响程度。因此，在模型 1 - 1 的基础上加入交乘项，建立模型 1 - 2 和模型 1 - 3：

$$P_{i,t} = \alpha_1 BV_{i,t} + \alpha_2 EPS_{i,t} + \alpha_3 DTA_{i,t} + \alpha_4 DTL_{i,t} + \alpha_5 ROA_{i,t} + \alpha_6 ROIC_{i,t} + \alpha_7 ROA_{i,t} \times DTA_{i,t} + \varepsilon_{i,t} \tag{1-2}$$

$$P_{i,t} = \alpha_1 BV_{i,t} + \alpha_2 EPS_{i,t} + \alpha_3 DTA_{i,t} + \alpha_4 DTL_{i,t} + \alpha_5 ROA_{i,t} + \alpha_6 ROIC_{i,t} + \alpha_7 ROA_{i,t} \times DTL_{i,t} + \varepsilon_{i,t} \tag{1-3}$$

合并报表主体广于母公司报表，两种报表之间必然存在信息差异。为探究增量信息对股票价值的影响，需要计算两种报表净资产、收益和递延所得税项目的差值，从而构造相应的增量指标。模型 2 的建立需要以 Feltham 和 Ohlson（1995）模型为基础加入上述增量指标。双重披露制要求两种报表的信息具有显著差异。先分别使用不同类型报表的数据，按照上述模型进行回归。然后计算 Vuong Z 统计量，可以判断两种报表价值相关性的高低。

$$P_{i,t} = \alpha_1 BV_{i,t} + \alpha_2 EPS_{i,t} + \alpha_3 dDTA_{i,t} + \alpha_4 dDTL_{i,t} + \alpha_5 dBV_{i,t} + \alpha_6 dEPS_{i,t} + \alpha_7 ROA_{i,t} + \alpha_8 ROIC_{i,t} + \varepsilon_{i,t} \tag{2}$$

7.3 实证检验

7.3.1 描述性统计

由表7－2可见，2010—2019年的平均股票收盘价为15.18元，最大值和最小值之间相差悬殊。与母公司报表相比，合并报表的每股净资产、每股收益、递延所得税项目的平均值和标准差较高。这表明两种报表之间存在信息差异，合并报表产生额外的信息增量。比较两种报表每股递延所得税项目，递延所得税资产具有较大的平均值，表明其与股票价值的相关性较高。总资产收益率在两种报表之间相差不大，投入资本回报率却产生明显差距。这表明母公司能够体现整个集团的经营效益，除母公司以外的其他子公司能够向股东提供额外回报。在表示两种报表差异的每股指标中，净资产和收益的平均值大于递延所得税项目。这表明 Ohlson（1995）模型对股票价格具有较好的解释作用。

表7－2　变量基本描述性统计表

	合并报表				母公司报表			
变量	平均值	标准差	最小值	最大值	平均值	标准差	最小值	最大值
P	15.18	16.40	0.405	697.5	15.18	16.40	0.405	697.5
BV	5.233	3.667	−0.081	93.46	4.331	2.684	−2.271	60.93
EPS	0.507	0.706	9.30e−05	30.11	0.363	0.562	7.70e−05	41.62

续表

	合并报表				母公司报表			
变量	平均值	标准差	最小值	最大值	平均值	标准差	最小值	最大值
DTA	0.121	0.303	0	20.14	0.046	0.129	0	6.525
DTL	0.074	0.319	0	11.21	0.024	0.152	-0.001	9.337
ROA	0.055	0.047	1.90e-05	0.675	0.056	0.057	7.00e-06	1.394
ROIC	0.073	0.052	-0.039	0.837	0.069	0.086	-0.042	7.317
dDTA	0.075	0.267	-0.553	20.14	0.075	0.267	-0.553	20.14
dDTL	0.050	0.291	-9.095	11.21	0.050	0.291	-9.095	11.21
dBV	0.903	2.071	-13.77	50.23	0.903	2.071	-13.77	50.23
dEPS	0.144	0.428	-11.51	17.61	0.144	0.428	-11.51	17.61

从表 7-3 可见，在两种报表中，每股净资产和每股收益与资本市场股票价格具有超过 0.5 的相关系数，在 1% 水平上相关。这表明企业所有者权益和净利润能够影响外部资本市场。比较两种报表的相关系数，发现合并报表的系数更高，说明合并报表与资本市场的股票定价产生更高的相关性。对比两种报表递延所得税项目的相关系数，每股递延所得税资产较高。这表明递延所得税资产产生较高的信息含量，能够更大程度地影响股票价格。合并报表总资产收益率和投入资本回报率的相关系数同样大于母公司报表。这两个变量在合并报表的回归结果中具有更好的调节作用。

表 7-3 递延所得税项目的相关系数表

类型		P	BV	EPS	DTA	DTL	ROA	ROIC
合并报表	P	1						
	BV	0.510***	1					
	EPS	0.655***	0.680***	1				
	DTA	0.144***	0.289***	0.271***	1			
	DTL	0.025***	0.181***	0.092***	0.221***	1		
	ROA	0.400***	0.189***	0.531***	0.008	-0.026***	1	
	ROIC	0.345***	0.156***	0.544***	0.048***	-0.023***	0.914***	1
母公司报表	P	1						
	BV	0.522***	1					
	EPS	0.575***	0.576***	1				
	DTA	0.121***	0.214***	0.170***	1			
	DTL	-0.005	0.123***	0.041***	0.097***	1		
	ROA	0.291***	0.132***	0.577***	0.009	-0.007	1	
	ROIC	0.186***	0.039***	0.418***	0.028***	-0.010	0.771***	1

注：*** $p<0.01$，** $p<0.05$，* $p<0.1$，下同。

从表 7 - 4 可知，两种报表递延所得税项目差异的相关系数在 1% 水平上显著，其中，递延所得税资产差异的相关系数较高。这表明递延所得税资产差异具有较高的价值相关性。每股净资产差异和每股收益差异的相关系数均在 0. 2 以上，这两个变量能够部分解释股票价格。整体而言，合并报表多数变量的相关系数较高。这表明使用合并报表数据进行回归具有较高的拟合程度。

7. 3. 2　递延所得税项目的价值相关性检验

从表 7 - 5 和表 7 - 6 可知，根据模型 1 - 1 普通标准误的回归结果，合并报表与母公司报表每股递延所得税资产的回归结果分别为 - 1. 148 和 - 0. 512，每股递延所得税负债的回归结果分别为 - 2. 157 和 - 6. 236。除母公司报表每股递延所得税资产以外，其余递延所得税项目的回归结果具有 1% 的显著性水平。这说明两种报表的递延所得税项目具有价值相关性，从而支持 H_1。我国企业编制合并报表采用实体理论，股票价格反映投资者对整个经济实体的评价。合并报表与股票价格具有相同的信息口径，使得递延所得税项目回归结果的显著性水平更高。但对于母公司报表，递延所得税项目回归结果具有不同的显著性。应纳税暂时性差异都要确认递延所得税负债，确认递延所得税资产需要考虑日后应纳税所得额的多少。虽然，递延所得税资产的确认受到限制，但是，递延所得税负债不受影响，因而回归结果显著。不高估资产、不低估负债的会计核算原则造成递延所得税项目回归结果存在显著性差异。

表 7-4　递延所得税项目差异的相关系数表

类型		P	BV	EPS	dDTA	dDTL	dBV	dEPS	ROA	ROIC
合并报表	P	1								
	BV	0.510***	1							
	EPS	0.655***	0.680***	1						
	dDTA	0.106***	0.250***	0.237***	1					
	dDTL	0.030***	0.147***	0.078***	0.217***	1				
	dBV	0.228***	0.694***	0.459***	0.211***	0.131***	1			
	dEPS	0.324***	0.396***	0.604***	0.233***	0.092***	0.453***	1		
	ROA	0.400***	0.189***	0.531***	0.001	-0.023***	0.096***	0.259***	1	
	ROIC	0.345***	0.156***	0.544***	0.036***	-0.019**	0.131***	0.287***	0.914***	1
母公司报表	P	1								
	BV	0.522***	1							
	EPS	0.575***	0.576***	1						
	dDTA	0.106***	0.178***	0.120***	1					
	dDTL	0.030***	0.100***	0.027***	0.217***	1				
	dBV	0.228***	0.176***	0.231***	0.211***	0.131***	1			
	dEPS	0.324***	0.192***	-0.003	0.233***	0.092***	0.453***	1		
	ROA	0.291***	0.132***	0.577***	0.024***	-0.015*	0.036***	-0.073***	1	
	ROIC	0.186***	0.039***	0.418***	0.021***	-0.008	0.048***	-0.055***	0.771***	1

表 7 – 5　　合并报表递延所得税项目的回归结果

变量	模型 1 – 1			模型 1 – 2	模型 1 – 3
	普通标准误	稳健标准误	组间估计	调节效应	调节效应
BV	0.573*** (15.246)	0.573*** (3.314)	0.410*** (4.803)	0.623*** (16.558)	0.574*** (15.253)
EPS	12.823*** (56.228)	12.823*** (5.464)	14.378*** (25.181)	11.740*** (48.052)	12.814*** (56.060)
DTA	–1.148*** (–3.462)	–1.148 (–1.373)	1.854** (2.042)	–4.362*** (–10.263)	–1.149*** (–3.466)
DTL	–2.157*** (–7.139)	–2.157*** (–4.687)	–3.632*** (–6.350)	–2.219*** (–7.374)	–2.381*** (–4.670)
ROA	127.548*** (25.445)	127.548*** (12.580)	155.736*** (14.947)	125.759*** (25.184)	127.230*** (25.210)
ROIC	–96.596*** (–20.926)	–96.596*** (–7.732)	–109.533*** (–11.181)	–98.602*** (–21.438)	–96.497*** (–20.888)
ROA × DTA				86.419*** (12.013)	
ROA × DTL					4.800 (0.545)
常数	5.984*** (25.442)	5.984*** (7.712)	6.470*** (12.550)	6.906*** (28.021)	6.010*** (25.054)
样本量	16719	16719	16719	16719	16719
R^2	0.462	0.462	0.527	0.467	0.462
组数量			3281		

注：括号内的数据为 T 值，*** p<0.01，** p<0.05，* p<0.1，下同。

表 7-6　　母公司报表递延所得税项目的回归结果

变量	模型 1-1			模型 1-2	模型 1-3
	普通标准误	稳健标准误	组间估计	调节效应	调节效应
BV	1.834*** (38.065)	1.834*** (10.308)	1.373*** (12.538)	1.878*** (38.602)	1.832*** (38.040)
EPS	11.355*** (41.187)	11.355*** (8.161)	17.365*** (21.304)	10.647*** (35.692)	11.402*** (41.329)
DTA	-0.512 (-0.643)	-0.512 (-0.370)	0.870 (0.519)	-6.307*** (-5.130)	-0.557 (-0.699)
DTL	-6.236*** (-9.429)	-6.236*** (-4.553)	-6.542*** (-5.075)	-6.171*** (-9.340)	-2.934*** (-2.649)
ROA	12.932*** (4.168)	12.932 (1.518)	13.542* (1.871)	12.126*** (3.909)	13.920*** (4.472)
ROIC	-4.487** (-2.463)	-4.487* (-1.678)	-6.628** (-2.191)	-4.351** (-2.390)	-4.697*** (-2.577)
ROA × DTA				111.257*** (6.181)	
ROA × DTL					-65.010*** (-3.716)
常数	2.875*** (12.518)	2.875*** (4.331)	3.883*** (7.738)	3.240*** (13.676)	2.749*** (11.847)
样本量	16719	16719	16719	16719	16719
R^2	0.389	0.389	0.478	0.390	0.390
组数量			3281		

7.3.3 递延所得税项目差异的价值相关性检验

从表 7-7 可知，在两种报表普通标准误的回归结果中，递延所得税项目差异具有 1% 的显著性水平。这表明递延所得税项目差异能够影响股票价格，支持 H_2。根据实体理论，母公司和其他子公司共同组成集团企业，形成合并报表的编制主体。在资本市场中，股票价格反映集团整体的经营业绩，与合并报表具有相同的信息口径。虽然股票价格不会单独反映其他子公司的经营业绩，但由于其他子公司的财务信息经过处理后汇总进入合并财务报表，因而其他子公司能够影响股票价格，产生价值相关性。递延所得税项目差异反映其他子公司信息。其他子公司的所得税费用因此发生变化，影响合并报表的会计利润。资本市场的股票价格也随之改变，从而产生价值相关性。

从表 7-8 可知，比较两种报表的价值相关性，以合并报表为基准计算的 Vuong Z 统计量在模型 1-1 和模型 2 中分别达到 5% 和 1% 的显著性水平。这表明合并报表产生较高的价值相关性，从而验证 H_3。合并报表编制的意义在于，它能够消除集团内各公司之间未实现的内部损益，真实反映集团公司的经营状况，使得企业利润更为科学合理。合并报表与母公司报表分工不同。合并报表囊括其他子公司的财务信息，满足股东决策需要。母公司报表则能提供法律主体信息，辅助债权人进行信贷决策。两种报表披露的信息存在差异，合并报表提供的信息更符合股东要求。在资本市场中，投资者更关注合并报表，股票价格受合并报表的影响程度较大。

表 7-7 递延所得税项目差异的回归结果

变量	合并报表			母公司报表		
	普通标准误	稳健标准误	组间估计	普通标准误	稳健标准误	组间估计
BV	1.146 *** (24.722)	1.146 *** (5.529)	0.985 *** (9.531)	1.284 *** (27.914)	1.284 *** (7.093)	1.203 *** (11.543)
EPS	13.231 *** (52.011)	13.231 *** (6.175)	15.111 *** (21.470)	13.311 *** (49.817)	13.311 *** (6.936)	15.078 *** (19.230)
dDTA	-2.111 *** (-5.755)	-2.111 * (-1.788)	0.108 (0.096)	-2.973 *** (-8.065)	-2.973 ** (-2.153)	-2.024 * (-1.780)
dDTL	-0.858 *** (-2.650)	-0.858 * (-1.835)	-1.346 ** (-2.351)	-0.896 *** (-2.732)	-0.896 * (-1.854)	-1.355 *** (-2.323)
dBV	-1.438 *** (-21.749)	-1.438 *** (-4.684)	-1.563 *** (-10.249)	-0.381 *** (-7.213)	-0.381 * (-1.718)	-0.698 *** (-5.577)
dEPS	-1.443 *** (-5.042)	-1.443 (-0.634)	-2.025 ** (-2.099)	12.326 *** (48.460)	12.326 *** (4.759)	14.312 *** (18.820)
ROA	103.375 *** (20.673)	103.375 *** (11.787)	120.999 *** (11.550)	14.367 *** (4.952)	14.367 (1.525)	29.192 *** (4.238)

续表

变量	合并报表			母公司报表		
	普通标准误	稳健标准误	组间估计	普通标准误	稳健标准误	组间估计
ROIC	-74.919*** (-16.211)	-74.919*** (-5.704)	-79.903*** (-8.067)	-5.831*** (-3.433)	-5.831 (-1.227)	-7.488*** (-2.610)
常数	3.938*** (15.797)	3.938*** (4.735)	4.433*** (8.091)	3.225*** (14.869)	3.225*** (5.593)	3.481*** (7.223)
样本量	16719	16719	16719	16719	16719	16719
R^2	0.482	0.482	0.547	0.469	0.469	0.530
组数量			3281			3281

表 7-8　合并报表与母公司报表价值相关性的比较

	模型 1-1	模型 2
Vuong Z 统计量	2.0536**	4.5663***
p 值	0.0400	0.0000

7.3.4　递延所得税项目影响程度的检验

根据合并报表模型 1-2 和模型 1-3 的回归结果，递延所得税资产交乘项的回归结果为 86.419，具有 1% 的显著性水平；递延所得税负债交乘项的回归结果不显著。但在母公司报表相应模型的回归结果中，递延所得税项目交乘项均具有 1% 的显著性水平。因此，在总资产收益率的调节作用下，合并报表的递延所得税资产与资本市场股票定价相关程度较高，母公司报表的递延所得税项目则不存在明显差异，验证了 H_4。两种报表涵盖信息不同导致报表使用对象存在差异。会计信息与资本市场的股票定价息息相关。投资者考量集团公司的整体实力，注重投资回报，倾向于从合并报表中获取财务信息。递延所得税资产代表企业的资金流入。在投资回报率的评价指标中，投资者对其较为关注。但对于债权人，由于债权债务关系需要明确法律主体，他们重点关注个别财务报表的偿债能力指标。资产负债观将递延所得税项目均视作普通的资产和负债。资产负债率可以体现公司的偿债能力。因此，母公司报表递延所得税项目均具有显著的价值相关性。

7.4　稳健性检验

采用改变回归模型和变更因变量的方法实施稳健性检验。除普通标准误回归模型外，还采用稳健标准误模型和组间估计面板模型。研究数据的样本量为 16719 家，满足稳健标准误模型的使用前提。采用稳健标准误进行回归无须考虑异方差问题。部分上市公司递延所得税项目数据缺失，造成回归结果不佳。采用组间估计的面板模型能够克服数据缺失的不利影响。根据表 7 – 5、表 7 – 6 和表 7 – 7 其他模型的回归结果，主要解释变量与普通标准误模型的回归结果相似。

次年 4 月末上市公司财务报表审计工作全部结束，股票价格受到审计报表公布的影响。这一时间的股票价格同样能够反映资本市场对上市公司经营业绩的评价。因此，次年 4 月末的股票价格可以作为年末股票价格的替代变量。使用替代变量的回归结果与原变量基本相同，说明建立的所有模型稳定可靠（见表 7 – 9、表 7 – 10）。

表 7 – 9　　合并报表稳健性检验结果

变量	模型 1 – 1	模型 1 – 2	模型 1 – 3	模型 2
BV	0.667*** (13.504)	0.726*** (14.623)	0.670*** (13.533)	1.078*** (17.245)
EPS	12.735*** (42.833)	11.683*** (36.808)	12.714*** (42.646)	12.566*** (31.236)
DTA	–1.950*** (–3.919)	–6.227*** (–9.178)	–1.927*** (–3.869)	
DTL	–2.048*** (–5.154)	–1.770*** (–4.456)	–2.570*** (–3.820)	
ROA	132.185*** (20.686)	129.086*** (20.246)	131.465*** (20.433)	115.091*** (17.849)
ROIC	–96.139*** (–16.208)	–97.240*** (–16.450)	–95.909*** (–16.156)	–79.925*** (–13.245)

续表

变量	模型 1－1	模型 1－2	模型 1－3	模型 2
ROA × DTA		84. 902 *** (9. 233)		
ROA × DTL			11. 265 (0. 962)	
dDTA				－4. 081 *** (－6. 916)
dDTL				－0. 581 (－1. 316)
dBV				－1. 120 *** (－12. 149)
dEPS				0. 706 (1. 540)
常数	5. 669 *** (18. 543)	6. 653 *** (20. 616)	5. 729 *** (18. 356)	4. 211 *** (12. 778)
样本量	11634	11634	11634	11634
R^2	0. 436	0. 440	0. 436	0. 444

表 7－10　　　　母公司报表稳健性检验结果

变量	模型 1－1	模型 1－2	模型 1－3	模型 2
BV	1. 408 *** (19. 728)	1. 436 *** (19. 916)	1. 398 *** (19. 588)	1. 169 *** (17. 687)
EPS	15. 202 *** (29. 787)	14. 785 *** (27. 734)	15. 324 *** (29. 966)	13. 009 *** (27. 339)
DTA	－1. 670 (－1. 582)	－5. 448 *** (－3. 109)	－1. 721 (－1. 631)	
DTL	－5. 337 *** (－6. 966)	－5. 279 *** (－6. 889)	－1. 459 (－1. 062)	

续表

变量	模型 1-1	模型 1-2	模型 1-3	模型 2
ROA	9.011* (1.762)	8.528* (1.667)	10.374** (2.023)	34.012*** (7.212)
ROIC	-15.742*** (-3.472)	-15.627*** (-3.447)	-16.424*** (-3.621)	-22.326*** (-5.362)
ROA × DTA		66.029*** (2.701)		
ROA × DTL			-81.750*** (-3.401)	
dDTA				-5.719*** (-9.694)
dDTL				-0.511 (-1.145)
dBV				-0.135* (-1.827)
dEPS				14.013*** (42.349)
常数	4.926*** (14.676)	5.142*** (14.905)	4.798*** (14.212)	3.979*** (12.755)
样本量	11634	11634	11634	11634
R^2	0.326	0.326	0.326	0.431

7.5　本章小结

2007 年新准则实施后，财政部要求上市公司必须同时提供两种报表。新所得税会计准则采用资产负债表债务法进行所得税会计处理。会计准则的改变造成了财务报表所提供的会计信息发生变化，影响财务报告的质量，从而引起股票价格波动。本研究以双重披露制为视角，采用2010—2019年A股非金融类上市公司作为研究样本，选择实证研究的方法，分别探究两种报表递延所得税项目的价值相关性。研究结果表明：（1）两种报表的DTA和DTL及其差异产生价值相关性；（2）合并报表产生更高的价值相关性；（3）合并报表的DTA产生较高的价值相关性，母公司报表DTA和DTL的价值相关性无明显差别。

财务报告的编制需要明确主体，但统一的财务目标弱化了主体之间的差异。合并报表与母公司报表的主体不同，合并报表包括其他子公司的财务信息，具有额外的信息增量。直接比较两种报表的价值相关性容易忽略报表使用者信息需求的差异。未来这一领域的研究可以扩展至其他会计准则，深入考虑更多报表使用者的信息需求，从而发现不同报表使用者信息需求的差异。统一的财务目标被深入细化，有助于明确两种报表的分工，为进一步完善会计准则指明了方向。另外，DTA和DTL的差异不仅体现在不同报表使用者的信息需求，还有可能产生其他影响。两者确认计量的细微差别所产生的放大效应值得进一步研究。

第8章 研究结论与建议

本章将对全书进行总结。具体分为研究结论、政策建议、研究局限性和研究展望 4 个部分。

8.1 研究结论

本书在我国所得税会计准则变革的背景下，结合我国合并报表“双重披露制”的列报惯例，分析了摊配方法（所得税会计方法）和信息列报（合并报表披露制度）是影响所得税会计信息价值相关性的内在机制和外在机制。在此基础上，进一步考察了不同所得税会计方法和“双重披露制”下所得税会计信息的信息含量，在完善所得税会计理论与方法的同时，也从财务报告中所得税会计信息价值相关性的角度检验了我国此次所得税准则变革的合理性和有效性。本书回答了“中国企业所得税会计改革的效果如何”这个基本问题，具体体现对以下问题的回答：

（1）所得税会计方法的基本演进和中国的实践是什么？

（2）资产负债表债务法下所得税会计信息的信息质量如何，包括可靠性和相关性？

（3）此次所得税会计准则变革，采用的资产负债表债务法相比 ASBE（2001）的应付税款法、递延法和利润表债务法，是否提供了增量的信息含量？这种变革是否具有理性？

（4）在资产负债表债务法下，合并报表和母公司报表的所得税会计信息是否具有信息含量，即资产负债表债务法的应用效果如何？

为了回答上述问题，本书运用了规范研究和实证研究的方法。在规范研究中，以价值相关性为目标，运用史证研究的方法，考察了摊配方法如何影响所得税会计信息及其信息质量；同时，运用比较研究法，考察了合并报表的“双重披露制”相比“单一披露制”可能提供更多的价值相关信息。在实证研究上，本书检验了资产负债表债务法相比应付税款法、递延法和利润表债务法的增量信息含量；同时，检验了合并报表和母公司报表中所得税会计信息含量，包括递延所得税资产、递延所得税负债、所得税费用（包括其成分的当期所得税费用和递延所得税费用）以及合并—母公司报表所得税差异等信息。

通过研究，本书得出以下主要结论：

（1）所得税会计信息形成的前提，是会计制度和所得税法规分离而产生的会计利润与应税所得之间的差异，即会税差异。鉴于差异的不同分类对所得税会计信息产生的影响，根据提高所得税会计信息价值相关性的目标，将会税差异分为制度性差异和动机性差异，并给出了两者的测算方法。在会税制度确认应税所得和会计利润是以经济收益为准绳的前提下，提出了基于公允价值计量观的可能的税会协作思路。

（2）所得税会计信息价值相关性，是由所得税会计信息生成的内在机制和信息列报的外在机制共同决定的，体现为递延所得税摊配方法（所得税会计方法）和合并报表的列报模式两因素。

影响因素一：递延所得税的摊配方法。在计税期间、会税差异性质、税率变动和会计利润稳定等 4 个假设下，描述了所得税会计方法的一般模型，并对应付税款法、递延法、利润表债务法和资产负债表债务法下所得税费用、递延所得税费用在计税期间的期望和方差进行了推导。结论证明，在税率不变的情况下，应付税款法相比纳税影响会计法下的所得税费用的方差要大，说明其易造成计税期内净利润的波动；同时，对于纳税影响会计法，不同方法下的所得税费用和递延税项的期望均相等，而方差为零，说明其导致了期间利润的平滑，提供了投资者较为稳定的盈利预期。

影响因素二：合并报表披露模式。我国对合并报表的列报采用同时提供合并报表和母公司报表的“双重披露制”，而非美国或其他的“单一披露制”，在会计信息的列报上与国外有根本性制度差异，从而对所得税会计信息价值相关性产生影响。在我国 CAS 下，母公司报表反映的是母公司自身的递延所得税负债、递延所得税资产和所得税费用，合并报表反映的是经调整后母、子公司的递延所得税负债、递延所得税资产和所得税费用的合计，合并—母公司报表差异反映的是子公司内部交易抵销和合并程序调整后的递延所得税负债、递延所得税资产和所得税费用。

（3）所得税会计信息质量。第一，对于所得税费用。应付税款法满足了可稽核性、如实表达和中立性等可靠性要求，但对于相关性，其反馈价值较高，但预测价值不足。而对于纳税影响会计法，在保证可靠性的前提下，其反馈价值和预测价值更高，尤其是考虑税率变动影响的负债法，相比递延法有更高的预测价值。第二，对于递延税款。递延法相比负债法可靠性要强，但相关性要弱。

（4）所得税会计信息影响因素一：摊配方法。实证证据表明，资产负债表债务法相比应付税款法、递延法和利润表债务法，提供的所得税会计信息具有增量信息含量。体现在：

第一，对于资产负债表信息，资产负债表债务法与递延法和利润表债务法确认的递延所得税负债（贷项）和资产（借项）的差异与股价显著相关，表明：市场能够区分资产负债表法下确认的递延所得税负债和资产，相比其他纳税影响会计法确认的递延税项的差异，并对该差异进行了个别信息定价，这种差异为投资者决策提供了增量信息含量。

第二，尽管资产负债表债务法是以资产负债表为中心的，但资产负债表债务法相比应付税款法、递延法和利润表债务法在利润表中的所得税费用信息，仍能提供增量信息含量，体现在：资产负债表债务法与应付税款法和其他纳税，影响会计法下相应确认的所得税费用的比值与年度股票回报显著相关，表明：这种所得税费用的比值，即差异大小的相对量，对年度股票回报提供了解释力，具有增量信息含量。

第三，我国资本市场中存在股票定价决策中的“锚定效应”，即投资者在 2006 年还是更多地倾向于已经习惯使用的按 ASBE（2001）披露的信息，而对按新准则 CAS 18 调整的信息利用不足，表现在股价模型中递延所得税资产和负债差异的符号为负和正，且系数显著，完全与 Guenther and Sansing（2000）股价理论模型中的 DTA 和 DTL 的符号“+”和“-”相反；且在收益模型中，所得税费用解释变量的系数显著为负，与 Thomas and Zhang（2010）所得税费用与股票回报正相关的假设和结果完全相反。但值得注意的是，在比较递延法、利润表债务法相比应付税款法的增量信息含量时，所得税费用与股票回报正相关，因为 3 种所得税方法都是 ASBE（2001）中的，不存在资产负债表债务法的转变，因此，不产生“锚定效应”的条件，正相关也表明与 Thomas and Zhang（2010）的结论一致。

（5）所得税会计信息影响因素二：合并报表披露模式。实际证据表明：

第一，对于资产负债表所得税会计信息：①合并报表中递延所得税资产和递延所得税负债均与股价显著相关，表明合并报表中所得税会计信息能提供市场定价的有用信息。但是，特殊的是，递延所得税资产与股价显著负相关，与 Guenther and Sansing（2000）对资产负债表债务法下股价理论模型中 DTA 符号为“+”完全相反。产生的原因在于，我国 2007—2009 年 DTA 质量不高，DTA 中资产减值、金融资产和负债公允价值变动损益合计占当年 DTA 总额的 40% 左右（36.66%—39.77%），而非固定资产折旧或无形资产摊销的暂时性差异（详见表 5－5）。②母公司报表向市场提供了弱的定价信息。表现在 DTA 系数不显著，而且符号不一致；尽管 DTL 系数为负，但在 10.5% 水平下显著。母公司报表相比合并报表 DTA 和 DTL 系数符号和显著性差异的原因在于，市场使用合并报表进行股票定价已经成为一种惯例。③合并—母公司报表的 DTA 或 DTL 差异能够提供定价的信息含量。表现在合并—母公司报表 DTA 差异在 5% 以下水平与股价显著负相关，而合并—母公司报表的 DTL 差异不显著，表明合并—母公司报表 DTA 差异，主要是子公司 DTA 有估值的信息含量。

第二，对于利润表的所得税会计信息：①所得税费用信息具有信息含量。表现在不论是合并报表还是母公司报表，所得税费用解释变量的系数均在1%水平以下与年度股票回报R显著正相关。也验证了Thoman and Zhang（2010）的假设，即所得税费用是应税所得（经济利润）的代理变量，与其他营业费用有显著的性质差异。②作为纳税主体的母公司所得税费用信息对股票回报的解释力更强，体现在母公司报表相比合并报表所得税费用解释变量的系数，前者更大。原因可能在于，母公司是纳税主体，相比合并报表的报告主体，所得税费用更具有经济意义。③合并—母公司报表所得税费用差异，主要是子公司所得税费用信息，对年度股票回报有显著解释力。原因在于，实证结果表明，合并—母公司报表所得税费用差异解释变量的系数在10%水平与年度股票回报显著正相关。④当期所得税费用和递延所得税费用在股票回报中的信息含量显著不同，并且市场能够区分两者的成分差异。表现在合并报表和母公司报表中，递延所得税费用解释变量的系数在约20%水平下显著为正，但当期所得税费用解释变量系数不显著。原因在于，资产负债表债务法下递延所得税费用是由DTL和DTA变动决定的，而后者包含了预期因素，具有定价作用，从而具有信息含量。⑤合并—母公司报表当期所得税费用与递延所得税费用差异，主要是子公司当期所得税费用与递延所得税费用有显著信息含量。体现为，合并—母公司报表当期所得税费用与递延所得税费用差异的解释变量，与年度股票回报在10%水平显著正相关，表明市场对于子公司运营信息特别关注，资本运作可能导致这种警惕性的提高。

第三，对于合并报表和母公司报表数据的信息含量，不管是资产负债表还是利润表信息，Vuong检验和增量研究均显示，合并报表相比母公司报表信息具有相对和增量信息含量。

（6）Ohlson（1995）估价模型和收益模型的验证。对于估价模型，在我国资本市场上是成立的，即股价与每股净资产和每股收益显著相关。但收益模型证明，我国市场是一个短期和投机市场，表现在年度股票回报与当年每股收益的增长显著正相关，而与当年每股收益呈负相关关系，且显著性不稳定。与陈信元、陈冬华等（2002）、于渤和高印朝（2005）、陈丽花等（2009）以及王鹏等（2009）采用 Ohlson 模型，认为其能解释我国资本市场股票定价和股票回报的结论一致。

概而言之，我国新 CAS 18 采用资产负债表债务法，取消 ASBE（2001）中的应付税款法、递延法和利润表债务法，从所得税会计信息含量的角度讲是合理的，提升了所得税会计信息的价值相关性①。进一步，资产负债表债务法在我国的应用效果是好的，递延所得税资产和负债、所得税费用都具有股票估价和股票回报的信息含量；同时，我国采用提供合并报表和母公司报表的“双重披露制”模式是合理的，相比合并报表信息，母公司报表和合并—母公司报表差异信息能够提供增量信息含量。

8.2　政策建议

根据以上研究结论，本书提出以下建议：

（1）进一步加强与 IAS 接轨，制定高质量所得税准则。我国新 CAS 的改革，是以 IAS 趋同为目标的。从本书结论可知，CAS 18 取消应付税款法、递延法和利润表债务法，而采用资产

① 但是，应该明确，所得税会计方法的选择，除受本身会计技术方法的影响外，还与会计政策制定博弈、会计准则制定模式和程序以及会计界偏好等有关。

负债表债务法，从提高所得税会计信息含量的角度评价，这种选择是合理的；而且，通过2007—2009年的市场检验，资产负债表债务法下所得税会计信息均能提供显著的决策有用信息，不仅提供合并报表信息，而且母公司报表也能提供增量信息含量，实施的效果良好。因此，进一步加大与IAS趋同，是基本策略。

对我国CAS 18来讲，应该引入期内摊配的规定，实现与IAS的进一步趋同。当前，IAS 12（Par. 77－85）要求将本期企业所得税费用（或利益）与其相应的项目，如生产经营部门税前利润、停工部门损益、非常损益项目等，进行配比。但我国CAS 18不要求所得税的期内摊配，与IAS 12有重大差异。再者，根据国际权威准则制定机构对财务列报研究的最新动态，如IASB与FASB（2008. 10）共同发布的《财务报表列报初步意见》，该讨论稿认为应该按企业的业务活动，包括经营、投资和融资活动进行财务列报的分类列报。其中，根据3大目标之一细分目表的要求，要在资产负债表、综合收益表和现金流量表中将所得税进行专门列报，尤其在综合收益表中，提出了“持续经营活动所得税”的概念。因此，根据我国CAS 18的现状和IAS财务列报发展的新趋势，应将不同性质、不同业务的期内所得税信息摊配，如：①持续经营与终止经营；②营业内与营业外；③正常经营与非正常经营；④经营活动、融资活动和投资活动，将所得税摊配统一到分类列报的模式中。

（2）建议所得税准则对合并报表中资产与负债的“计税基础”进行界定或解释。“计税基础”是资产负债表债务法的核心概念，但其依赖于单项资产和负债的计量，是否适合合并报表的报告主体？从研究结论可知，合并报表中DTA和DTL对股票定价具有显著的信息含量。但值得注意的是，合并DTA和DTL是会计合并程序产生的，而不是直接确认企业集团的DTA和DTL，从而不存在合并主体的资产和负债的“计税基础”。如果是合并纳税，且只提供合并报表，合并主体与纳税主体一致，不存在资产与负债报告主体与会计主体“计税基础”差异的问题。但是，在我国取消合并纳税后，母子公司分别纳税，并且是合并报表的“双重披露制”，那么，就产生了一个问题，即合并 DTA 和 DTL 是企业集团报告主体中的所得税信息，不存在与确认合并 DTA 和 DTL 必要的纳税主体基础的认定，“计税基础”缺失。因此，针对目前 CAS 并没有作出规定，应对合并报表资产或负债的“计税基础”进行界定，使合并 DTA 和 DTL 不再是一个数字合计，而是符合资产负债表债务法含义的资产和负债项目。

（3）建议准则对合并报表和母公司报表关系进行系统性阐释。从检验资产负债表所得税会计信息含量可知，母公司报表的 DTA 和 DTL 在估价模型中几乎不具有显著性，而合并报表的 DTA 和 DTL 却非常显著，至少一定程度上表明了合并报表和母公司报表信息的重叠，使得母公司的 DTA 和 DTL 在估价中信息含量不足。这也是市场使用合并报表信息惯例形成的主要原因。但是，母公司作为会计主体和纳税主体，母公司报表的 DTA 和 DTL 更具经济实质，应该是能够提供一定估价的信息含量，但检验结果并不支持。因此，尽管新 CAS 对子公司投资采用成本法，将合并报表和母公司报表的分工合理性推进了一步，但合并报表和母公司报表的职能、分工和协作还有待于准则制定机构进一步明确，以充分提供信息使用者决策有用信息。

（4）对子公司所得税会计信息进行专门披露。从实证结果可知，合并—母公司报表的 DTA 差异、当期所得税费用和递延所得税费用差异，主要是子公司的所得税信息，均具有股票定价的显著信息含量。因此，需要对财务报告中子公司的所得税会计信息进行专门披露，包括子公司税率、税收优惠、DTA 和 DTL

及其变动、DTA 和 DTL 的成分等，以满足信息使用者对子公司所得税信息的需求。

8.3 研究局限

（1）由于 2006 年使用纳税影响会计法的公司较少，受小样本（36 家）的限制，关于递延法和利润表债务法信息含量的研究结论，其稳健性可能会受到影响。

（2）对于资产负债表债务法应用效果的研究，可能需要较长时间的面板数据，而本书只能依据 CAS 18 实施后的 2007—2019 年的数据，面板数据长度的局限性可能会对模型参数的估计产生不利影响。随着时间的推移和样本量的增大，后续研究将进一步拓展和深化，提升研究结果的稳健性。

8.4 研究展望

对于财务报告中所得税会计信息的未来研究，认为有以下问题：

（1）研究作为资产负债表债务法确认关键的 DTA 和 DTL 是否要进行折现问题。理论分析认为，DTA 和 DTL 应该折现，但是 Guenther and Sansing（2004）研究却发现，在 SFAS No. 109 下，DTL 与预期转回期无关。因此，对该问题的进一步研究，将有助于完善所得税会计理论和所得税会计准则。

（2）深入分析暂时性差异的性质与信息含量。Hanlon（2005）研究发现，暂时性差异会影响盈余的持续性，而 Lev and Nissan

(2004）则发现暂时性差异与 P/E 和未来盈余的增长没有关系。导致研究结论不尽一致的原因可能是对暂时性差异的性质还缺乏深入的探讨。因此，进一步深入分析暂时性差异的性质，探讨制度性差异和动机性差异对会计信息质量的影响以及这两类差异的信息含量，具有一定的理论和实践意义。

（3）从目前文献来看，没有充分解释财务报告中的所得税会计信息为什么或如何影响公司未来的股票回报。再者，如何从财务报告中精确测算应税所得，准确提供所得税费用的定价机制也值得研究。

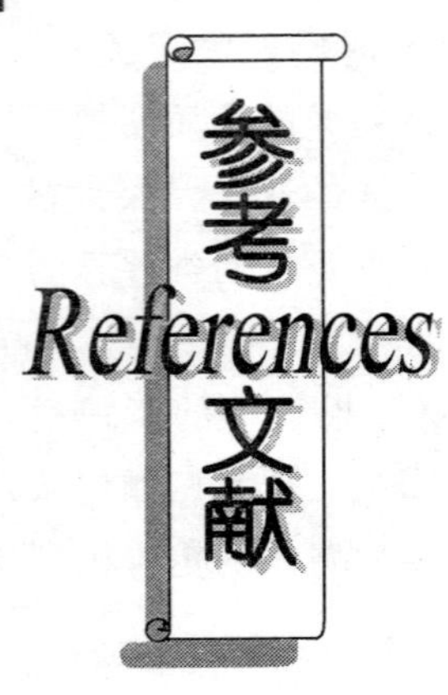

参考文献 References

[1] 陈信元，陈冬华，朱红军，2002．净资产，剩余收益与市场定价：会计信息的价值相关性［J］．金融研究（4）：59－70．

[2] 陈丽花，黄寿昌，杨雄胜，2009．资产负债观会计信息的市场效应检验——基于《企业会计准则第18号——所得税》施行一年的研究［J］．会计研究（5）：29－37．

[3] 财政部会计准则委员会，2005．所得税会计［M］．大连：大连出版社．

[4] 财政部会计准则委员会，2005．企业合并与合并会计报表［M］．大连：大连出版社．

[5] 常勋，2002．财务会计四大难题［M］．上海：立信会计出版社．

[6] 车菲，2012．所得税改革、会计——税收差异与会计稳健性［J］．中南财经政法大学学报（6）：93－99．

[7] 程昔武，后青松，2011．合并财务报表、母公司个别财

务报表与会计稳健性——来自沪深 A 股的经验证据 [J]. 上海立信会计学院学报 25 (5): 32 - 40.

[8] 邓传洲, 2005. 公允价值的价值相关性: B 股公司的证据 [J]. 会计研究 (10): 55 - 62.

[9] 戴德明, 毛新述, 姚淑瑜, 2006. 合并报表与母公司报表的有用性: 理论分析与经验检验 [J]. 会计研究 (10): 10 - 17.

[10] 戴德明, 唐妤, 何力军, 2013. 递延所得税会计信息的双刃作用——基于攀钢钒钛的案例分析 [J]. 财务与会计 (9): 8 - 11.

[11] 樊勇, 2009. 企业 (公司) 所得税的制度效应: 基于在中国的应用分析 [M]. 北京: 中国税务出版社.

[12] 葛夕良, 沈玉平, 2009. 英国、西班牙企业征税制度比较研究 [M]. 北京: 中国财政经济出版社.

[13] 盖地, 2005. 税务会计研究 [M]. 北京: 中国金融出版社.

[14] 盖地, 路娜, 2014. 递延所得税对财务报表信息质量的影响研究 [J]. 北京工商大学学报 (社会科学版) (2): 52 - 61.

[15] 黄新建, 段克润, 2007. 中国上市公司并购与盈余管理实证研究 [J]. 软科学 (12): 66 - 69.

[16] 何力军, 戴德明, 唐妤, 2015. 合并财务报表与母公司财务报表双重信息披露研究综述 [J]. 北京工商大学学报: 社会科学版 (2): 74 - 84.

[17] 刘玉廷, 2001. 企业会计制度的中国特色及与国际惯例的协调 [J]. 会计研究 (3): 3 - 8.

[18] 刘斌, 孙回回, 李珍珍, 2005. 所得税会计政策选择的经济动因及实证研究 [J]. 现代财经 (5): 55 - 60.

[19] 刘扬新，1994. 美国联邦税务会计的基本概念及理论框架 [J]. 会计研究 (2)：59 - 62.

[20] 罗胜强，2007. 公允价值会计实证研究——来自中国资本市场的经验证据 [D]. 厦门大学博士学位论文.

[21] 陆正飞，张会丽，2009. 会计准则变革与子公司盈余信息的决策有用性——来自中国资本市场的经验证据 [J]. 会计研究 (5)：46 - 52.

[22] 陆正飞，张会丽，2010. 新准则下合并——母公司报表的分工及其影响 [J]. 财会通讯 (5)：16 - 17.

[23] 李丽娟，王乾斌，朱凯，2011. 递延所得税会计信息的价值相关性研究 [J]. 上海立信会计学院学报 (1)：49 - 56.

[24] 李青原，叶园，2017. 所得税费用的价值相关性——基于我国 A 股上市公司的证据 [J]. 证券市场导报 (8)：28 - 35.

[25] 芦笛，2017. 税收—会计差异与企业盈余管理行为的研究 [J]. 科研管理 (5)：98 - 106.

[26] 龙月娥，叶康涛，2013. 会计—税收差异、盈余管理与证券市场估值 [J]. 中南财经政法大学学报 (2)：117 - 123.

[27] 美国财务会计准则委员会，2002. 美国财务会计准则 (第 1—137 号) [M]. 王世定，李海军，译. 北京：经济科学出版社.

[28] 魏长升，陈晓坤，荣延权，2003. 探讨克拉尼斯基定律的必然性——会计利润与应税所得差异的理论分析 [J]. 涉外税务 (5)：8 - 11.

[29] 王跃堂，孙铮，陈世敏，2001. 会计改革与会计信息质量：来自中国证券市场的经验证据 [J]. 会计研究 (7)：16 - 26.

[30] 王跃堂，王亮亮，贡彩萍，2009. 所得税改革、盈余管理及其经济后果 [J]. 经济研究 (3)：86 - 98.

［31］王鹏，陈武朝，2009. 合并财务报表的价值相关性研究［J］. 会计研究（5）：46－53.

［32］汪祥耀，2002. 英国会计准则研究与比较［M］. 上海：立信会计出版社.

［33］吴溪，2016. 会计研究方法论［M］. 北京：中国人民大学出版社.

［34］王小鹏，戴德明，2012. 所得税会计信息价值相关性研究综述［J］. 北京工商大学学报：社会科学版（5）：65－71.

［35］王小鹏，朱开悉，2013. 合并—母公司报表递延所得税项目信息含量［J］. 系统工程（8）：18－24.

［36］王晓梅，2010. 合并—母公司报表盈余信息决策有用性研究评述［J］. 当代财经（5）：125－129.

［37］王秀丽，张龙天，贺晓霞，2017. 基于合并报表与母公司报表的财务危机预警效果比较研究［J］. 会计研究（6）：38－44.

［38］修宗峰，2009. 制度环境、制度变迁与决策相关性［D］. 厦门大学博士论文.

［39］许年行，吴世农，2007. 我国上市公司股权分置改革中的锚定效应研究［J］. 经济研究（1）：114－125.

［40］谢香兵，2015. 会计—税收差异、未来盈余增长与投资者认知偏差——基于我国上市公司的经验证据［J］. 会计研究（6）：18－25＋96.

［41］肖琼芳，2015. 所得税会计处理与企业财务报表的价值相关性研究［D］. 首都经济贸易大学会计学硕士论文.

［42］颜晓燕，周珊，2016. 资产负债表债务法下所得税会计信息的相关性和可靠性——基于＊ST海化的案例分析［J］. 江西社会科学（12）：229－233.

[43] 叶康涛，2006. 盈余管理与所得税支付：基于会计利润与应税所得之间差异的研究 [J]. 中国会计评论 (12)：205－224.

[44] 于长春，2001. 所得税会计研究 [M]. 大连：东北财经大学出版社.

[45] 于渤，高印朝，2005. 银行股票市场定价与会计信息的价值相关性研究 [J]. 金融研究 (6)：67－71.

[46] 曾亚敏，张俊生，2009. 税收征管能够发挥公司治理功用吗？[J]. 管理世界 (3)：143－158.

[47] 朱凯，李琴，潘金凤，2008. 信息环境与公允价值的股价相关性——来自中国证券市场的经验证据 [J]. 财经研究 (7)：133－143.

[48] 邹舳，2006. 我国所得税会计信息的理论分析与实证检验 [D]. 中国人民大学博士论文.

[49] 周华，戴德明，2006. 会计制度与经济发展：中国企业会计制度改革的优化路径研究 [M]. 北京：中国人民大学出版社.

[50] 郑幼锋，2007. 美国联邦所得税政策的变迁 [J]. 税务与经济 (2)：95－99.

[51] 张然，张会丽，2008. 新会计准则中合并报表理论变革的经济后果研究——基于少数股东权益、少数股东损益信息含量变化的研究 [J]. 会计研究 (12)：39－46.

[52] 周华，戴德明，2016. 资产减值会计的合理性辨析 [J]. 经济管理 (3)：100－112.

[53] 芦笛，2015. 我国企业所得税会计准则执行现状的调查与分析 [J]. 宏观经济研究 (12)：86－96.

[54] 周华，张姗姗，李勤裕，等，2017. 会计准则复杂

性、CFO 财务专长与所得税会计操作困境［J］. 财贸经济（8）：20－35＋143.

［55］周华，2011. 递延所得税的合理性辨析［J］. 经济管理（2）：182－193.

［56］祝继高，王珏，张新民，2014. 母公司经营模式、合并—母公司报表盈余信息与决策有用性［J］. 南开管理评论（3）：84－93.

［57］PETERS B G，2008. 税收政治学［M］. 郭为桂，黄宁莺，译. 南京：江苏人民出版社.

［58］ROE J M，2008. 公司治理的政治维度：政治环境与公司影响［M］. 陈宇峰，张蕾，等，译. 北京：中国人民大学出版社.

［59］NOBES C，PARKER R，2005. 比较国际会计（第八版）［M］. 薛清梅，译. 大连：东北财经大学出版社.

［60］RIAHI BELKAOUI A，2004. 《会计理论》（第四版）［M］. 钱逢胜，等，译. 上海：上海财经大学出版社.

［61］SALANIE B，2005. 税收经济学［M］. 陈新平，王瑞泽，陈宝明，等，译. 北京：中国人民大学出版社.

［62］KOTHART S P，LYS T Z，SKINNER D J，et al.，2009. 当代会计研究：综述与评论［M］. 辛宇，等，译. 北京：中国人民大学出版社.

［63］SHEFRIN H，2007. 行为公司金融——创造价值的决策［M］. 郑晓蕾，译. 北京：中国人民大学出版社.

［64］SCHOLES M，WOLFSON M，ERICKSON M，et al.，2004. 税收与企业战略：策划方法［M］. 张雁翎，译. 北京：中国财政经济出版社.

［65］ABAD C，LAFFARGA J，GARCA B A，et al，2000. An

Evaluation of the Value Relevance of Consolidated versus Unconsolidated Accounting Information: Evidence from Quoted Spanish Firms [J]. Journal of international financial management & accounting, 11 (3): 156 - 177.

[66] AMIR E, 1993. The market valuation of accounting information: The case of postretirement benefits other than pensions [J]. The Accounting Review, 68: 703 - 724.

[67] AMIR E, KIRSCHENHEITER M, WILLARD K, 1997. The valuation of deferred taxes [J]. Contemporary Accounting Research, 14: 597 - 622.

[68] AMIR E, SOUGIANNIS T, 1999. Analysts' interpretation and investors' valuation of tax carryforward [J]. Contemporary Accounting Research, 16: 1 - 33.

[69] ARCELUS F J, MITRA D, SRINIVASAN G, 2005. On the incidence of deferred taxes, intangibles and non - linearities in the relationship between Tobin' s Q and ROI [J]. Journal of Economics and Business, 57: 65 - 185.

[70] AYERS B C, 1998. Deferred tax accounting under SFAS No. 109: An empirical investigation of its incremental Value - Relevance relative to APB No. 11 [J]. The accounting review, 73 (2): 195 - 212.

[71] AYERS B C, LAPLANTE S K, SCHWAB C, 2011. Does Tax Deferral Enhance Firm Value [J]. SSRN Electronic Journal, 19 (7): 66 - 76.

[72] AYERS B C, JIANG X, et al, 2009. Taxable income as a performance measure: The effects of tax planning and earnings quality [J]. Contemporary Accounting Research, 26 (1): 15 - 54.

[73] BAIK B, KIM K, MORTON R, et al, 2016. Analysts' pre – tax income forecasts and the tax expense anomaly [J]. Review of Accounting Studies, 21 (2): 559 – 595.

[74] BALL R, KOTHARI S P, ROBIN A, 2000. The effect of international institutional factors on properties of accounting earnings [J]. Journal of Accounting and Economics, 29: 1 – 151.

[75] BARTH M E, 1991. Relative measurement errors among alternative pension asset and liability measures [J]. The Accounting Review, 66: 433 – 463.

[76] BARTH M E, 1994. Fair value accounting: Evidence from investment securities and the market valuation of banks [J]. The Accounting Review, 69: 1 – 25.

[77] BARTH M E, 2000. Valuation – based research implications for financial reporting and opportunities for future research [J]. Accounting and Finance, 40: 7 – 31.

[78] BARTH M E, BEAVER W H, LANDSMAN W R, 1996. Value relevance of banks fair value disclosures under SFAS 107 [J]. The Accounting Review, 71: 513 – 537.

[79] BARTH M E, BEAVER W H, LANDSMAN W R, 2001. The relevance of the value relevance literature for financial accounting standard setting: Another view [J]. Journal of Accounting and Economics, 31: 77 – 104.

[80] BARTH M E, CLINCH G, 1996. International accounting differences and their relation to share prices: Evidence from UK, Australian, and Canadian Firms [J]. Contemporary Accounting Research, 13: 135 – 170.

[81] BAUMAN P M, DAS S, 2004. Stock Market Valuation of

Deferred Tax Assets: Evidence from Internet Firms [J]. Journal of business finance & accounting, 31 (9 - 10): 1223 - 1260.

[82] BEAVER W H, DEMSKI J S, 1979. The nature of income measurement [J]. Accounting Review, 54: 38 - 46.

[83] BEAVER W H, DUKES R, 1972. Intraperiod tax allocation, earnings expectations and the behavior of security prices [J]. The Accounting Review, 47: 320 - 332.

[84] BEAVER W H, KENNELLY J W, VOSS W M, 1968. Predictive ability as a criterion for the evaluation of accounting data [J]. The Accounting Review, 43 (4): 675 - 683.

[85] BEAVER W H, LANDSMAN W R, 1983. Incremental information content of Statement No. 33 disclosures [M], Stamford: Financial Accounting Standards.

[86] BEAVER W H, RYAN S G, 1985. How well do Statement No. 33 earnings explain stock returns [J]. Financial Analysts Journal, 41: 66 - 71.

[87] BEHN B, EATON T, WILLIAMS J, 1998. The determinants of the deferred tax allowance account under SFAS No. 109 [J]. Accounting Horizons, 12: 63 - 78.

[88] BERNARD V L, RULAND R, 1987. The incremental information content of historical cost and current cost income numbers: Time series analyses for 1962—1980 [J]. The Accounting Review, 62: 707 - 722.

[89] BERNARD V L, 1989. Post - earnings - announcement drift: Belayed price response or risk premium [J]. Journal of Accounting Research, 27: 1 - 36.

[90] BEZDAZ A, ALAM P, 2013. Tax conformity of earnings

and the pricing of accruals [J]. Review of Quantitative Finance and Accounting, 40 (3): 509-538.

[91] BIDDLE G, SEOW G, SIEGEL A, 1995. Relative versus incremental information content [J]. Contemporary Accounting Research, 12: 1-23.

[92] BIERMAN H J, 1961. Depreciable assets - timing of expense recognition [J]. The Accounting Review, 36 (4): 613-618.

[93] BLAYLOCK B, SHEVLIN T, WILSON R J, 2012. Tax Avoidance, Large Positive Temporary Book - Tax Differences and Earnings Persistence [J]. The Accounting Review, 87 (1): 91-120.

[94] BROUWER A, NAARDING E, 2018. Making Deferred Taxes Relevant [J]. Accounting in Europe, 15 (2): 200-230.

[95] BUBLITZ B, FRECKA T J, MCKEOWN J C, 1985. Market association tests and FASB Statement No. 33 disclosures: A reexamination [J]. Journal of Accounting Research, 23: 1-27.

[96] CHANDRA U, RO B T, 1997. The association between deferred taxes and common stock risk [J]. Journal of Accounting and Public Policy, 16 (3): 311-333.

[97] CHANEY P K, JETER D C, 1994. The effect of deferred taxes on security prices [J]. Journal of Accounting, Auditing and Finance, 9: 91-116.

[98] CHEN K, SCHODERBEK M, 2000. The 1993 tax rate increase and deferred tax adjustment: A test of functional fixation [J]. Journal of Accounting Research, 38: 23-34.

[99] CHOUDHARY P, KOESTER A, SHEVLIN T, 2015. Measuring income tax accrual quality [J]. Review of Accounting Studies, 21 (1): 89-139.

[100] COMPRIX J, GRAHAM R C, MOORE J A, 2011. Empirical Evidence on the Impact of Book - Tax Differences on Divergence of Opinion among Investors [J]. The Journal of the American Taxation Association, 33 (1): 51 - 78.

[101] CRABTREE A, MAHER J J, 2009. The influence of difference in taxable income and book income on the bond credit market [J]. Journal of the American Taxation Association, 31 (1): 75 - 99.

[102] DARROUGH M, HARRIS T, 1991. Do management forecasts of earnings affect stock prices in Japan? Japanese Financial Market Research [M]. Holland: Amsterdam.

[103] DAVIDSON S, 1958. Accelerated depreciation and the allocation of income taxes [J]. The Accounting Review, 33 (2): 173 - 180.

[104] DECHOW M, 1994. Accounting earnings and cash flows as measures of firm performance: The role of accounting accruals [J]. Journal of Accounting and Economics, 18 (1): 3 - 42.

[105] DECHOW P, GE W, SCHRAND C, 2010. Understanding earnings quality: A review of the proxies, their determinants and their consequences [J]. Journal of accounting and economics, 50 (2 - 3): 344 - 401.

[106] DECHOW P, KOTHARI S, WATTS R, 1998. The relation between earnings and flows [J]. Journal of Accounting and Economics, 25: 133 - 168.

[107] DESAI M A, DHARMAPALA D, 2006. Corporate tax avoidance and high - powered incentives [J]. Journal of Finance Economics, 79: 145 - 179.

[108] DESAI M A, DYCK A, 2007. Theft and Taxes [J]. Journal of Financial Economics, 84: 591 -623.

[109] DHALIWAL D, TREZEVANT R, WILKINS M, 2000. Tests of deferred tax explanation of the negative association between the LIFO reserve and firm value [J]. Contemporary Accounting Research, 17: 41 -59.

[110] DOLINAR D, 2002. An evaluation of the value relevance of consolidated and unconsolidated accounting information: Evidence from the united kingdom [M]. Ekonomska: University of Ljubljana.

[111] DRAKE D F, 1962. The service potential concept and inter - period tax allocation [J]. The Accounting Review, 37 (4): 677 -684.

[112] EASTON P D, Harris T S, 1991. Earnings as an explanatory variable for returns [J]. Journal of Accounting Research, 29 (1): 19 -36.

[113] EASTON P, 1999. Security returns and the value relevance of accounting data [J]. Accounting Horizons, 13: 399 -412.

[114] ECCHER A, RAMESH K, THIAGARAJAN S R, 1996. Fair value disclosures bank holding companies [J]. Journal of Accounting and Economics, 22: 79 - 117.

[115] ELI A, THEODORE S, 1999. Analysts' interpretation and investors' valuation of tax carryforwards [J]. Contemporary accounting research, 16 (1): 1 -33.

[116] FAMA E F , FRENCH K R, 1993. Common risk factors in the returns on stocks and bonds [J]. Journal of Financial Economics, 33 (1): 3 -56.

[117] FAMA E F, 1965. Portfolio analysis in a stable paretian market [J]. Management Science, 11: 404 -441.

[118] FAN G, 2012. The effect of deferred taxes on Firm Market Value: Evidence from Hong Kong [M]. Hong Kong: Hong Kong Baptist University.

[119] FELTHAM G A, OHLSON J A, 1995. Valuation and clean surplus accounting for operating and financial activities [J]. Contemporary Accounting Research, 11: 689 -732.

[120] FRANCIS J R, 1986. Debt reporting by parent companies: Parent - only versus consolidated statement [J]. Journal of Business Finance and Accounting, 13 (3): 393 -403.

[121] FRANK M M, LYNCH L J, REGO S O, 2009. Tax reporting aggressiveness and its relation to aggressive financial reporting [J]. The Accounting Review, 84 (2): 467 -496.

[122] GAO Z, GIVOLY D, LAUX R, 2018. Assessing the Relation Between Taxes and Stock Returns: The Critical Role of Choosing the Tax Variable [J] . SSRN Electronic Journal, 32: 25 -41.

[123] GEORGE T J, CHUAN Y H, 2004. The 522 week High and Momentum Investing [J]. Journal of Finance, 59: 2145 -2175.

[124] GEORGE T J, HUANG C K, 2007. Long - term return reversals: Overreaction or taxes [J]. Journal of Finance, 62: 2865 - 2896.

[125] GIVOLY D, HAYN C, 1992. The valuation of the deferred tax liability: Evidence from the stock market [J]. The Accounting Review, 67: 394 -410.

[126] GLEASON C A, MILLS L F, 2002. Materiality and contingent tax liability reporting [J]. The Accounting Review, 77:

317 - 342.

[127] GONEDES N J, 1972. Efficient capital market and external accounting [J]. The Accounting Review, 47 (1): 11 - 21.

[128] GONEDES N J, DOPUCH N, 1974. Capital - market equilibrium, information production and selecting accounting techniques: Theoretical frameworks and review of empirical work [J]. Journal of Accounting Research, 12: 48 - 125.

[129] GRAHAM J R, RAEDY J S, SHACKELFORD D A, 2012. Research in accounting for income taxes [J]. Journal of Accounting and Economics, 53 (1 - 2): 412 - 434.

[130] GUENTHER D A, SANSING R C, 2000. Valuation of the firm in the presence of temporary book - tax difference: the role of deferred tax assets and liabilities [J]. The Accounting Review, 75 (1): 1 - 12.

[131] GUPTA S, LAUX R, 2016. Do firms use tax cushion reversals to meet earnings targets? Evidence from the pre and post - FIN 48 periods [J]. Contemporary Accounting Research, 33 (3): 1044 - 1074.

[132] HANLON M, 2003. What can we infer about a firm' s taxable income from its financial statements [J]. National Tax Journal, 56 (4): 831 - 864.

[133] HANLON M, 2005. The persistence and pricing of earnings, accruals and cash flows when firms have large book - tax differences [J]. The Accounting Review, 80: 137 - 166.

[134] HANLON M, LAPLANTE S, SHEVLIN T, 2005. Evidence for the possible information loss of conforming book income and tax income [J]. Journal of Law and Economics, 48 (2): 407 - 442.

[135] HARRIS T S, LANG M, MÖLLER H P, 1994. The value relevance of German accounting measures: An Empirical Analysis [J]. Journal of accounting research, 32 (2): 187 - 209.

[136] HENRY E, 2014. The Information Content of Tax Expense: A Firm and Market - Level Return Decomposition [M]. Storrs: University of Connecticut.

[137] HENRY E, 2018. The Information Content of Tax Expense: A Discount Rate Explanation [J]. Contemporary Accounting Research, 35 (4): 1917 - 1940.

[138] HERRMANN D, INOUE T, THOMAS W B, 2001. The relation between incremental subsidiary earnings and future stock returns in Japan [J]. Journal of Business Finance & Accounting, 28: 1115 - 1139.

[139] HIRSHLEIFER D, 2001. Investor psychology and asset pricing [J]. Journal of Finance, 56 (4): 1533 - 1597.

[140] HONRADO L E, 2018. The value relevance of individual and consolidated statements: A comparison for the Portuguese listed firms [M]. Macedo de Cavaleiros: Universidade Do Porto.

[141] JOHN E, 2001. A review of the empirical disclosure literature: Discussion [J]. Journal of Accounting and Economics, 31: 441 - 456.

[142] KERR J N, 2018. The value relevance of taxes: International evidence on the proxy for profitability role of tax surprise [J]. Journal of Accounting and Economics, 67 (2 - 3): 297 - 305.

[143] KHURANA I K, KIM M S, 2003. Relative value relevance of historical cost vs fair value: Evidence from bank holding companies [J]. Journal of Accounting and Public Policy, 22: 19 - 42.

[144] KOTHARI S P, 2001. Capital markets research in accounting [J]. Journal of Accounting and Economics, 105 - 231.

[145] KOTHARI S P, ZIMMERMAN J, 1995. Price and return models [J]. Journal of Accounting and Economics, 20: 155 - 192.

[146] KRULL L, 2004. Permanently invested foreign earnings, taxes and earnings management [J]. The Accounting Review, 79: 745 - 767.

[147] LAPORTA R, SHLEIFER A, VISHNY R, et al, 1997. Legal determinants of external finance [J]. Journal of Finance, 152: 1131 - 1150.

[148] LASMAN D A, WEIL R L, 1978. Adjustion the debt - equit ratio [J]. Financial Analyst Journal, 34 (5): 49 - 58.

[149] LAUX R C, 2013. The Association between Deferred Tax Assets and Liabilities and Future Tax Payments [J]. The Accounting Review, 88 (4): 1357 - 1383.

[150] LEE C M, 2001. Market efficiency and accounting research: A discussion of 'capital market research in accounting' by S. P. Kothari [J]. Journal of Accounting and Economics, 31: 233 - 253.

[151] LEV B, NISSIM D, 2004. Taxable income, future earnings, and equity values [J]. The Accounting Review, 79: 1039 - 1074.

[152] LEV B, THIAGARAJAN S R, 1993. Fundamental information analysis [J]. Journal of Accounting Research, 31: 190 - 215.

[153] LING T W, ABDUL W N, 2019. Components of book tax differences, corporate social responsibility and equity value [J]. Cogent Business & Management, 6 (1): 161 - 170.

[154] LIPE R, 1986. The information contained in the compo-

nents of earnings [J]. Journal of Accounting Research, 31: 190 – 215.

[155] LUKAWITZ J M, MANESR P, SCHAEFER T F, 1990. An assesement of the liability classification of noncurrent deferred taxes [J]. Advance in Accounting, 8: 79 – 95.

[156] LYNN S G, SEETHAMRAJU C, SEETHARAMAN A, 2008. Incremental Value Relevance of Unrecognized Deferred Taxes: Evidence from the United Kingdom [J]. Journal of the American Taxation Association, 30 (2): 107 – 130.

[157] MANDELBROT B, 1966. Forecasts of future prices, unbiased markets, and martingale models [J]. Journal of Business, 39 (2): 242 – 255.

[158] MEAR K, BRADBURY M, HOOKS J, 2019. The ability of deferred tax to predict future tax [J]. Account Finance, 10: 25 – 64.

[159] MILLS L, 1998. Book – tax differences and Internal Revenue Service adjustments [J]. Journal of Accounting Research, 36 (2): 343 – 356.

[160] MILLS L, NEWBERRY K, TRAUTMAN W B, 2002. Trends in book – tax income and balance sheet differences [J]. SSRN Electronic Journal, 10: 2139.

[161] MILLS L, SANSING R S, 2000. Strategic tax and financial reporting decisions: Theory and evidence [J]. Contemporary Accounting Research, 17 (1): 85 – 106.

[162] MÜLLER V, 2011. Value relevance of consolidated versus parent company financial statements: Evidence from the largest three European capital markets [J]. Accounting and management information systems, 10 (3): 326.

[163] MURDOCH B, 1986. The information content of FAS 33 returns on equity [J]. The Accounting Review, 61: 273 - 287.

[164] NOBES C W, 1983. A judgmental classification of financial reporting practice [J]. Journal of Business Finance and Accounting, 10 (1): 1 - 19.

[165] NOBES C, 1992. International classification of financial reporting [M]. Routledge: Prentice Hall.

[166] NOFSINGER J R, 2002. Psychology of investing [M]. Routledge: Prentice Hall.

[167] OHLSON J, 2009. Accounting data and value: The basic results [J]. Contemporary Accounting Research, 26 (1): 231 - 259.

[168] OHLSON J, 1995. Earnings, book values and dividends in security valuation [J]. Contemporary Accounting Research, 11: 661 - 687.

[169] OHLSON J, 1999. Discussion of an analysis of historical and future - oriented information in accounting - based security valuation models [J]. Contemporary Accounting Research, 16 (2): 381 - 384.

[170] OHLSON J, 2001. Earnings, book values and dividends in equity valuation: An empirical perspective [J]. Contemporary Accounting Research, 18 (1): 107 - 120.

[171] OHLSON J, PENMAN S, 1992. Disaggregated accounting data as explanatory variable for returns [J]. Journal of Accounting, Auditing and Finance, 4: 553 - 573.

[172] PAUL M, HEAL Y, KRISHNA G, 2001. Information asymmetry, corporate disclosure, and the capital markets: A review of the empirical disclosure literature [J]. Journal of Accounting and

Economics, 31: 405 -440.

[173] PELLENS B, LINNHOFF U, 1993. Financial analysis of group accounts in Germany: An empirical study [M]. London: Routledge.

[174] PENDLEBURY M, 1980. The application of information theory to accounting for groups of companies [J]. Journal of Business Finance and Accounting, 7 (1): 105 -117.

[175] PHILLIPS J, PINCUS M, REGO S O, 2003. Earnings management: New evidence based on deferred tax expense [J]. The accounting review, 78 (2): 491 -521.

[176] PHILLIPS J, PINCUS M, REGO S O, et al, 2004. Decomposing Changes in Deferred Tax Assets and Liabilities to Isolate Earnings Management Activities [J]. Journal of the American Taxation Association, 26 (1): 43 -66.

[177] PLESKO G A, 2007. Estimates of the magnitude of financial and tax reporting conflicts [J]. National Bureau of Economic Research, 1: 32 -95.

[178] RAEDY J, 2009. Discussion of axable income as a performance measure: The effects of tax planning and earnings quality [J]. Contemporary Accounting Research, 26 (1): 55 -63.

[179] RAYBURN J, 1986. The association of operating cash flow and accruals with security returns [J]. Journal of Accounting Research, 86: 112 -133.

[180] ROBERT J. SHILLE R, 2001. Bubbles, human judgment, and Expert Opinion [J]. Financial Analysts Journal, 58 (3): 18 -26.

[181] ROBERT W, HOLTHAUSEN A, WATTS R L, 2001.

The relevance of the value – relevance literature for financial accounting standard setting [J]. Journal of Accounting and Economics, 31: 3 – 75.

[182] ROBINSON L A, STOMBERG B, TOWERY E M, 2016. One Size Does Not Fit All: How the Uniform Rules of FIN 48 Affect the Relevance of Income Tax Accounting [J]. The Accounting Review, 91 (4): 1195 – 1217.

[183] SAMARA A D, 2014. Assessing the relevance of deferred tax items: Evidence from loss firms during the financial crisis [J]. The journal of economic asymmetries, 11: 138 – 145.

[184] SAMUELSON P A, 1965. Proof that property anticipated prices fluctuate randomly [J]. Industrial Management Review, 1: 41 – 49.

[185] SANSING R C, 1998. Capsules and comments: Valuing the deferred tax liability [J]. Journal of Accounting Research, 36 (2): 357 – 363.

[186] SCHMITD A, 2006. The persistence, forecasting and valuation implications of the tax change components of earnings [J]. The Accounting Reviews, 81: 589 – 616.

[187] SEIDMAN J K, STOMBERG B, 2019. The Relevance of Tax Cash Flow and Tax Expense [J]. SSRN Electronic Journal, 10: 21 – 39.

[188] SHACKELFORD D A, SHEVLIN T, 2001. Empirical tax research in accounting [J]. Journal of Accounting and Economics, 31: 321 – 387.

[189] SRINIVASAN P, NARASIMHAN M S, 2012. The value relevance of consolidated financial statements in an emerging market:

The case of India [J]. Asian review of accounting, 20 (1): 58 -73.

[190] STERLING R, 1972. Decision - oriented financial accounting [J]. Accounting and Business Research, 2 (7): 198 -208.

[191] TANG T, FIRTH M, 2011. Can book - tax differences capture earnings management and tax Management? Empirical evidence from China [J]. The International Journal of Accounting, 46 (2): 175 -204.

[192] TANG T, FIRTH M, 2012. Earnings Persistence and Stock Market Reactions to the Different Information in Book - Tax Differences: Evidence from China [J]. The International Journal of Accounting, 47 (3): 369 -397.

[193] TAYLOR P A, 1996. Consolidated Financial Reporting [M]. London: Paul Chapman Publishing Ltd.

[194] THOMAS J, ZHANG F, 2014. Valuation of tax expense [J]. Review of Accounting Studies, 19 (4): 1436 -1467.

[195] THOMAS J, ZHANG F, 2011. Tax Expense Momentum [J]. Journal of Accounting Research, 49 (3): 791 -821.

[196] WALKER R G, 1976. An evaluation of the information conveyed by consolidated statements [J]. Abacus, 12 (2): 77 -115.

[197] WEBER D, 2009. Do analysts and investors fully appreciate the implications of book - tax differences for future earnings [J]. Contemporary Accounting Research, 26 (4): 1175 -1206.

[198] WINBORNE M G, KLEESPIE D L, 1966. Tax Allocation in Perspective [J]. The Accounting Review, 41 (4): 737 -744.

[199] WONG J, WONG N, NAIKER V, 2011. Comprehensive versus partial deferred tax liabilities and equity market values [J]. Accounting & Finance, 51 (4): 1087 -1106.